Monica Palozzi

YO ESCRIBO
CURSO DE ESCRITURA CREATIVA
en 20 lecciones con ejercicios aconsejados

Traducción y adaptación de
F.co Javier Capitán Gómez

Título: Yo escribo
Subtítulo: Curso de escritura creativa

Autor: Monica Palozzi

Traductor: Francisco Javier Capitán Gómez

ISBN 9788899373467

Primera edición impresa noviembre 2017

Primera edición digital noviembre 2017

www.edizionipragmata.it

Edizioni Pragmata

CONTENIDOS

INTRODUCCIÓN

El presente manual, hoy traducido y adaptado a la lengua española con una labor no indiferente por parte del profesor de literatura y estimado amigo Francisco Javier Capitán Gómez, que lo ha ampliado aportando ejemplos aplicados a las figuras retóricas que faltan al texto en la versión original, nació de la experiencia madurada en la conducción del taller de escritura creativa, articulado en dos cursos, nivel básico y avanzado, organizado por la asociación cultural Pragmata. Los textos aquí recogidos y expresados en tono coloquial deben ser, pues, considerados una versión refundida, seleccionada, reordenada y en parte reescrita de cuanto se trató en ese taller.

El manual YO ESCRIBO se subdivide en veinte lecciones, que tratan los aspectos principales de las técnicas de escritura creativa, ofrecen ejemplos, consejos y al término de cada lección proponen algunos ejercicios, presentando además un doble objetivo, teórico y práctico, que permita al escritor perfeccionar su propio estilo, adquiriendo soltura narrativa y pericia técnica.

Creyendo firmemente que no se puede enseñar a escribir pero que es posible aprender a escribir, sin la menor pretensión de ofrecer soluciones exhaustivas a un arte tan vasto como el de la escritura, he querido incluir entre los temas tratados en la presente obra el enfoque a algunos de los principales géneros literarios, experimentos estilísticos, acercamientos al texto de tipo periodístico y nociones para escribir el guión de un texto.

NOTA DEL TRADUCTOR

*El lector tiene en sus manos la versión
española del manual "Io Scrivo", de Monica
Palozzi. Tal vez haya sido un atrevimiento por mi
parte el dar una traducción de este libro pues,
como nos avisa el adagio italiano, "traduttore,
traditore". Con esta versión espero no haber
"traicionado" el texto original ya que, como es
sabido, traducir no es tarea fácil y, al verter
contenido de una lengua a otra, se suelen perder
muchos matices.*

*Tras leer esta magnífica obra, gracias a la
gentileza y amabilidad de su autora, me pareció
necesario brindar una adaptación de la misma al
público español porque, a pesar de que en la
actualidad hay en el mercado varios manuales
de escritura creativa en español, creo que los
lectores no encontrarán ninguno que reúna las
condiciones ni tenga las virtudes de este.*

*El manual de Monica Palozzi es claro en la
exposición, es completo (pues contiene todos los
aspectos que podrán interesar a aquel que desee
iniciarse en la escritura) y, además de las
lecciones de teoría literaria, propone ejemplos y*

ejercicios prácticos muy útiles. En suma, su claridad, completitud y practicidad le convierten en una obra realmente espléndida para quien busque sumergirse en la maravillosa aventura de llegar a ser escritor.

Como traductor del libro, he procurado ser fiel al original, respetando su contenido. En la labor de traducción y de acuerdo con los deseos de la autora, se han adaptado los ejemplos literarios propuestos, de modo que se han sustituido los textos de autores italianos por otros españoles, de similar tipo, para ilustrar diversos temas. Además, se han añadido algunos textos al apartado de recursos estilísticos de la lección 9 para que sirvan como muestra de cada uno de esos recursos.

Estoy convencido de que este manual será de suma utilidad para todas las personas que lo lean y pongan en práctica sus enseñanzas. Con esta traducción solamente se ha pretendido que una obra tan clara, completa y amena pueda estar disponible para uso y disfrute de todos los lectores de lengua española.

Francisco Javier Capitán Gómez

Dedicamos esta traducción a nuestro amigo
Ricardo González Padierna, in memoriam

LECCIÓN 1

Narración, trama, detalles, estereotipos

¿Por qué escribir?

Narrar, relatar es una necesidad primaria del hombre para transmitir valores, conocimientos, experiencias, memorias, por tanto quien escribe lo hace para comunicar sobre todo informaciones y emociones. Se transmiten informaciones con un texto de ensayo y se transmiten emociones con los textos de narrativa o de poesía.

A lo largo de este curso nos ocuparemos de la escritura de texto narrativo.

Nuestra tarea como escritores será, por tanto, la de tocar las cuerdas emocionales del lector, consiguiendo que participe activamente en aquello que escribimos. Para lograr esto, en primer lugar nosotros mismos debemos vivir emotivamente lo que narramos, llorando, riendo, sorprendiéndonos o asustándonos.

¡Descubramos cómo hacerlo!

La fuerza de una novela consiste principalmente en saber narrar hechos sin que el

15

escritor aparezca y sin que, en ningún caso, sus convicciones (morales, éticas o filosóficas) queden de algún modo reflejadas.

El máximo resultado que un escritor puede lograr es el de hacer de modo que lo escrito parezca estar hecho por sí mismo (Giovanni Verga).

LA TRAMA

Es la sucesión organizada de los hechos. Es acción narrativa sobre diversos planos encadenados entre sí de diversa forma, que involucren al lector y lleven a una progresiva evolución (clímax) del conflicto, el cual se resuelve después de modo definitivo y, si es posible, sorprendente.

¿Cómo puede un escritor no interferir en lo que narra?

La narración debe ser como la fotografía, o sea, nunca debe explicar lo que puede ser mostrado. La información a menudo va implícita en una acción. Para obtener lo que imaginamos siempre se ha de seguir un guión[1].

Veamos dos ejemplos de una misma situación, narrados de distinta forma:

---

[1] Véase la lección 20.

Ejemplo 1:

El reloj del pueblo dio las dos, despertando a Luke, que se había dormido leyendo una revista. El joven se levantó preocupado por lo tardío de la hora y se puso a buscar las llaves de su auto. Encontró de todo, incluso un arrugado paquete de Camel pero no lo que necesitaba. Había dejado de fumar hacía dos días y la abstinencia comenzaba a hacerse sentir. Abrió el paquete de cigarrillos pero estaba vacío y eso acentuó su nerviosismo.

Ejemplo 2:

El reloj del pueblo dio las dos. Luke tiró la revista que le cubría la cara, se frotó los ojos y, abriendo un bolsillo, comenzó a revolver por todas partes. Encontró un arrugado paquete de Camel pero no las llaves de su auto. Había dejado de fumar hacía dos días. El joven aferró con mano temblorosa el paquete de cigarrillos. Lo abrió. Estaba vacío y lo arrojó lejos de si.

A través de la acción se puede expresar una condición moral o psicológica. En el ejemplo 2 la acción de lanzar el paquete de cigarrillos asume el significado de rabia por la desilusión recibida de no poder satisfacer un deseo y además en un momento de agitación. De igual modo, la descripción de las acciones en secuencia sustituyen con más eficacia la descripción del despertar.

Conviene, pues, practicar siempre un análisis crítico de los elementos descriptivos, escogiendo vocablos apropiados para reducir al mínimo los enunciados, evitando así inútiles giros de palabras. Por otra parte, pudiendo escoger el uso de un término complicado o su sinónimo más simple, mejor optar por el vocablo simple.

Ejemplo 1:

El hombre acató la prescripción impartida por el médico, aceptando ingerir el fármaco.

Ejemplo 2:

El hombre obedeció la orden del médico y tomó la medicina.

La rapidez de imagen se obtiene con la búsqueda de la exactitud y de la concisión.

La escritura clara atrae más a los lectores.

Se ha de abreviar y resumir donde sea posible, pues rebajar de adjetivos y adverbios vuelve más ágil y ligera una lectura. Sobre todo, permite que el hecho narrado hable por sí solo, sin la menor intervención del autor, de su pensamiento, dejando al lector la interpretación personal de los hechos.

El escritor debe meterse entre las sombras y que sean los personajes los que digan todas las informaciones posibles.

Mostrar lo que los personajes hacen o dicen, lleva al lector a colmar con la imaginación propia lo que el escritor no dice y eso convierte en interesante la lectura.

Cuando es el autor el que habla, el lector debe razonar; cuando es la historia la que se muestra, el lector siente y experimenta sensaciones.

El autor, siempre que pueda, debe describir pero no comentar.

Cuando después se introduzca una nota informativa, necesaria a los fines de inteligibilidad de lo que se narra pero estéril respecto al _pathos_ narrativo, se puede hacer que la diga un personaje, mejor que divagar en la narración. Lo cual es útil para no desviar al lector del relato mostrado y para no recargar la lectura.

Un modo para suscitar sensaciones en la persona que nos lee es el de crear metáforas y símiles.

Ejemplo:

¿En qué país de Ensueño, en qué fúnebre país de Ensueño está la isla Somoria? Es en un lejano lugar donde reina el silencio. El agua no *tiene una sola voz en su cristal ni el viento en sus leves soplos, ni los negros árboles mortuorios, que semejan, agrupados y silenciosos, monjes fantasmas.*

Cavadas en las volcánicas rocas, mordidas y rajadas por el tiempo, se ven, a modo de nichos oscuros, las bocas de las criptas, en donde bajo el misterioso y taciturno cielo duermen los muertos. La lámina especular de abajo refleja los muros de ese solitario palacio de lo desconocido.

Se acerca en su barca de duelo un mudo enterrador, como en el poema de Tennyson. ¿Qué pálida Princesa difunta es conducida a la isla de la Muerte? ¿Qué Elena, qué Ofelia, qué adorada Yolanda? ¡Cuánto suave en tono menor, cuánto de vaga melodía y de desolación profunda! Acaso el silencio fuese interrumpido por un errante sollozo, por un suspiro, acaso una visión envuelta en un velo como de nieve ....

(de *La isla de la muerte*, Rubén Darío)

LOS DETALLES

Sirven para conferir nitidez y vivacidad al relato. Han de usarse con precisión, oportunamente, sin exagerar para no volver molesta la lectura.

Los detalles en la escritura creativa son de una importancia fundamental, pues gracias a ellos se puede llegar a dar una caracterización de los personajes, consiguiendo su desarrollo en el contexto narrativo. El detalle referido a un personaje puede ser un simple particular incluido en su forma de hablar o un hábito gestual, una costumbre en el vestir o una característica física como gordura, nariz larga, ojos grises, voz ronca, su forma de sonreír, de burlarse, de enfurecer, etc.

LOS ESTEREOTIPOS

Por estereotipo se entiende aquello que ya ha sido experimentado por otros. Es cualquier cosa que, aunque no enriquece ni añade nada hermoso, literariamente hablando, capta la atención del lector que se siente sorprendido, porque reconoce la fórmula.

Los estereotipos vienen causados por la homogenización de la masa.

Así, están los típicos del lenguaje televisivo (ej. "son cosas del directo"), o del burocrático o político (ej. "desaceleración económica").

Escribir es crear, no repetir lo que ya ha sido escrito por otros. Por eso es mejor evitar metáforas ya usadas por otros y que no aportan nada de original.

El lenguaje estereotipado tiene la facultad de asumir el control de quien lo usa, quitándole las ideas propias y haciéndole aceptar las de otro.

A diferencia del periodista, del publicista y del político, el escritor creativo tiene una necesidad total de libertad expresiva.

EJERCICIOS

Ejercicio 1

A fin de poner en práctica la concisión narrativa, escribir un microcuento – de un máximo de 100 palabras – partiendo del siguiente comienzo: "Aquí, donde ahora estaba caminando con él…"

Un microcuento es una historia en sí misma y no un resumen de un cuento más largo. Este expresa siempre un significado profundo de base. El microcuento, como todo cuento, debe tener su propia trama y un desarrollo evolutivo respecto del inicio. La historia narrada deberá desenvolverse en un lapso de tiempo relativamente breve. Los personajes que pueblan un microcuento nunca son demasiados, máximo tres o cuatro.

En este tipo de narración brevísima, para mantener la concisión de lugar y tiempo, es oportuno escoger con cuidado los detalles descriptivos, tanto los explícitos como los implícitos.

El título atribuido por el autor al microcuento es de una importancia fundamental, porque forma parte él mismo de la historia, desvelando el *quid*, la esencia.

Al escribir un microcuento se ha de "dibujar" la escena, para involucrar inmediatamente la sensibilidad del lector, por lo que se deben evitar abstracciones, juicios críticos, éticos, morales o las explicaciones innecesarias.

Ejercicio 2

Inspirados por la imagen propuesta, producir un relato de tema libre tratando de que no supere las tres cuartillas[2], y teniendo presente que la fuerza de un texto reside en conseguir transportar al lector en la experiencia narrada.

---

[2] Una cuartilla, hoja o folio editorial corresponde a entre 28 y 30 líneas de unos 60 caracteres cada una, espacios inclusive.

Al término de cada texto, después de haber hecho transcurrir una pausa de algunos días, es oportuno proceder a una revisión de todo lo escrito, y así poder pulir y quitar descripciones prolijas, repeticiones de vocablos, aliteraciones y frases hechas, verificar la credibilidad de los personajes y sus acciones, valorando la justa evolución de lo que se ha narrado, así como la efectiva utilidad de la presencia de figuras minores (comparsas) y la lógica en la sucesión de hechos narrados.

LECCIÓN 2

Idea creativa, clichés, tema, premisa,

episodios, conclusión, título, fábula, discurso

El doctor Pereira me visitó por primera vez una tarde de septiembre de 1992. En esa época él no se llamaba aún Pereira, todavía no poseía trazos definidos, era una presencia vaga, huidiza y difuminada, pero ya tenía el deseo de ser protagonista de un libro. Era solo un personaje en busca de autor. No sé por qué me eligió a mí para ser contado. Una hipótesis posible quizá sea que el mes de antes, en una tórrida jornada de agosto en Lisboa, yo también había hecho una visita. Recuerdo con nitidez ese día. Por la mañana compré un periódico de la ciudad y leí la noticia de que un viejo periodista había fallecido en el Hospital de Santa María de Lisboa y que sus esposas se hicieron visibles para el último homenaje en la capilla de aquel hospital. Por discreción no deseo revelar el nombre de esa persona. Diré solo que era una persona que conocí fugazmente en París, a finales de los años sesenta, cuando él, exiliado portugués, escribía en un diario parisino. Era un _hombre que había ejercido su oficio de periodista en los años cuarenta y cincuenta, en Portugal, bajo la dictadura de Salazar. Y había conseguido gastar una broma a la dictadura salazarista publicando en un diario portugués un artículo feroz contra el régimen. Después, naturalmente, tuvo serios problemas con la policía y hubo de escoger el camino del exilio; tras el setenta y cuatro, cuando Portugal recuperó la democracia, regresó a su país, pero no volví a encontrarme con él. Ya no escribía, estaba jubilado, no sé cómo vivía, por desgracia estaba olvidado. En ese periodo, Portugal vivía la vida convulsa y agitada de un país que retomaba la democracia tras cincuenta años de dictadura. Era un país joven, dirigido por gente joven. Nadie se acordaba ya de un viejo periodista que a finales de los años cuarenta se había opuesto con determinación a la dictadura de Salazar._

Fui a ver el cadáver a las dos de la tarde. La capilla del hospital estaba desierta. El ataúd estaba abierto. Aquel señor era católico, y le habían puesto sobre el pecho un cristo de madera. Me detuve junto a él unos cuantos minutos. Era un viejo robusto, más bien grueso. Cuando lo conocí en París era un hombre que frisaba los cincuenta años, ágil y esbelto. La vejez, quizá una vida difícil, habían hecho de él un viejo grueso y flácido. A los pies del ataúd, *sobre un pequeño atril, había un registro abierto donde se recogían las firmas de los visitantes. Había escritos algunos nombres, pero yo no reconocí ninguno. Quizá eran sus viejos colegas, gente que había vivido con él las mismas batallas, periodistas jubilados.*

En septiembre, como decía, Pereira a su vez me visitó. Allí no supe qué decirle, sin embargo entendí confusamente que esa vaga aparición que se presentaba bajo el aspecto de un personaje literario era un símbolo y una metáfora: de algún modo era la transposición fantasmal del viejo periodista a quien llevé el último saludo. Me sentí avergonzado pero lo acogí con afecto. Esa tarde de septiembre entendí vagamente que un alma que erraba en el espacio del éter tenía necesidad de mí para contarse, para describir una opción, un tormento, una vida. En ese privilegiado espacio que precede el momento de coger el sueño y que para mí es el espacio más idóneo para recibir las visitas de mis personajes, le dije que volviese, que se confiase conmigo, que me contase su historia. Él volvió y yo le encontré pronto un nombre: Pereira. En portugués Pereira significa árbol del peral, y como todos los nombres de árbol da fruto es un apellido de origen hebreo, igual que en Italia los apellidos de origen hebreo son nombres de ciudad. Con esto quise rendir homenaje a un pueblo que ha dejado una gran

huella en la civilización portuguesa y que ha
sufrido las grandes injusticias de la Historia.
Pero había otro motivo, de origen literario, que
me empujaba hacia este nombre: un pequeño
intermezzo de Eliot titulado What about Pereira?
en el que dos amigas evocan en su diálogo a un
misterioso portugués llamado Pereira, del que
no se sabrá nada. De mi Pereira, en cambio, yo
empezaba a saber muchas cosas. En sus visitas
nocturnas me contaba que era viudo, enfermo
del corazón e infeliz. Amaba la literatura
francesa, especialmente a los autores católicos
de entreguerras, como Mauriac y Bernanos, que
estaba obsesionado con la idea de la muerte, que
su mejor confidente era un franciscano llamado
Padre Antonio, del que se confesaba temeroso de
ser un hereje porque no creía en la resurrección
de la carne. Luego, las confesiones de Pereira,
unidas a la imaginación de quien esto escribe,
hicieron el resto. Encontré un mes crucial de su
vida, un mes tórrido, agosto de 1938. Pensé en
Europa, a punto del desastre de la segunda
guerra mundial, en la guerra civil española, en
las tragedias de nuestro pasado cercano. Y en el
verano del noventa y tres, cuando Pereira, ya
viejo amigo mío, me contó su historia, y yo
podría escribirla. La escribí en Vecchiano, en
dos meses, también tórridos, de intensa y
furibunda labor. Por una feliz coincidencia
acabé de escribir la última página el 25 de

agosto de 1993. Quise registrar esa fecha en las páginas porque para mí es un día importante: el cumpleaños de mi hija. Me pareció una señal, un auspicio. En el feliz día del nacimiento de un hijo mío nacía también, gracias a la fuerza de la escritura, la historia de la vida de un hombre. Quizás, en la inescrutable trama de los eventos que los dioses nos conceden, todo esto tenga su propio significado[3].

¿De dónde nace la idea de escribir algo?

Nace del deseo de comunicar una impresión propia, porque el escritor es sobre todo un sujeto capaz de extrañarse al observar lo que le rodea, conmoviéndose por lo bueno e impresionándose por lo malo. Así, las experiencias vividas pueden ser fuente de inspiración pero una historia puede venir sugerida por una simple intuición, una asociación de ideas, una coincidencia de temas particulares que afloran en el momento justo en nuestra memoria, el recuerdo de personas conocidas que dejaron huella en nosotros por su modo de ser o de actuar.

Sin embargo, la fuerza de una novela está también en narrar cosas que con frecuencia se evita contar, por ser escabrosas o por nacer de

---

[3]   El texto propuesto es de Antonio Tabucchi, de su novela *Sostiene Pereira.*

una pesadilla escondida en nuestra mente. En este caso narrarlas para hacer vivir al lector tales experiencias se convierte en acto creativo y no mero relato de lo vivido por el escritor.

La elección del género de novela que se quiera escribir es determinante para concebir la estructura de la narración: ciencia ficción, terror, sentimental, erótica, de aventuras, histórica, dramática, política, de espías, negra, policíaca, para niños, biográfica, autobiográfica, etc.

La **localización** de una historia se vuelve necesaria para algunos géneros, superflua para otros.

Necesaria para la ciencia ficción, la novela histórica, la gótica... Conviene no olvidar nunca la coherencia ni la verosimilitud de lo que se narra y nunca olvidar tampoco que lo que se escribe debe permitir la participación emocional e intelectual del lector.

No es tan importante informar sobre el sitio como suscitar emociones del lugar narrado a través de los sentimientos y los pensamientos de los personajes.

Sigue el ejemplo de una descripción. El lugar, referido por la voz del narrador, describe la desolación del velero "Amarillis" que vaga deshabitado en el océano.

[...] El ambiente tenía dos puertas, una hacia el bauprés, la otra sobre el puente. En la segunda se colocó, mirando como de día los cabos bien acomodados, el cabestrante, las velas recogidas, pocos cañones en la borda y la silueta del castillo de popa.

Había hecho ruido pero no respondía ni un alma. Se colocó a un lado y a la derecha reconoció, como a una milla, el perfil de la Isla con las palmeras de la orilla agitadas por la brisa. ...Ya había gritado lo suficiente como para estar seguro de que no había nadie a bordo. Pero, eso lo temía, hubiera podido hallar cadáveres, algún indicio que justificase aquella ausencia. Se movió con circunspección [...][4]

La ambientación puede tocar las cuerdas de la sensibilidad del lector mediante una elección estética del lenguaje con el cuidado de los adjetivos, la minuciosidad de los detalles, la mediación de imágenes nítidas.

[...] Tengo siempre presente en la memoria la imagen del lugar... Cierto, nada cambió. En la hermosa capilla, llena de sombra palpitante, de una oscuridad animada por los reflejos gemelos de las piedras, ardían las lámparas; y la luz parecía recogerse toda en el breve círculo de

---

[4]   De *La isla del día de antes*, Umberto Eco.

aceite en el que se nutría la llama, como en un límpido topacio. Poco a poco, bajo mi mirada, el mármol destilaba una palidez menos fría, casi diré un calor de marfil; poco a poco entraba en el mármol la pálida vida de las criaturas celestes y en las formas marmóreas se difundía la vaga transparencia de una carne angelical. [...]⁵

La conmoción del ánimo del lector se puede obtener con momentos de prosa poética y tomando inspiración de la naturaleza, capaz de tocar las cuerdas más profundas de la sensibilidad.

[...] *Aunque aún hacía un día claro, el doctor probó la sensación de encontrarse, por la tarde, en el oscuro, espeso bosque de su vida: tanta era la oscuridad que tenía en el alma, tan profunda su tristeza. Y la joven luna resplandecía ante él casi al nivel de su cara, como un presagio de adiós, una imagen de soledad.* [...]⁶

Sin embargo, un género literario puede en algunos casos determinar un **cliché** ya repetido por otros (ej. en el género negro la señora petulante que indaga: Miss Marple / Jessica Fletcher o, en el género de terror, los coros de niños) pero la habilidad del buen escritor consiste en concebir una caracterización de los

---

⁵ De *El placer*, Gabriele D'Annunzio.
⁶ De *El doctor Zhivago*, Boris Pasternak.

personajes y de las ambientaciones que sea original y única.

Toda novela tiene una realidad de fondo, un **tema**, que es la justificación misma de la narración; se trata de una suerte de **premisa** que debe guiar el relato a lo largo de su curso, para mantener la coherencia narrativa.

Ejemplo:

Una señora descubre restos de barra de labios en el cuello de la camisa del marido y teme que ha sido traicionada (la duda de la traición es el tema o premisa). De aquí partirán las búsquedas que desarrollarán todo el relato, incluso si eventualmente se articula en episodios (reacciones en cadena) y, sin embargo, poniendo atención en que estos **episodios** no sean hechos esporádicos y fines en sí mismos, sino que sean siempre reconducibles a la premisa.

Lo que vendrá narrado deberá ser alguna cosa excepcional pero verosímil y creíble; deberá generar un cambio en el curso del desarrollo de la historia y, sobre todo, deberá tener carácter de interés universal, en el sentido de que debería poderle gustar a un chino pero también a un indio o a un peruano. Es decir, el relato tendrá que ser útil para mover las emociones del lector, comoquiera que sea, porque en toda latitud se puede tocar el alma con la muerte de un animal amado o de un amigo querido; impresionar con el heroísmo, el coraje, la generosidad; indignar con la cobardía, la perfidia, la mezquindad de ánimo.

CONSEJO

A fin de tener bajo control la lógica de lo que se está escribiendo, de modo que el lector no se pierda entre incomprensibles recovecos que parezcan obvios al que escribe, en tanto los tiene claros en su mente, pero aún son del todo desconocidos al que lee, sugiero, casi como la prueba del nueve, referirse en cada relectura del texto (aún en fase de escritura) a las siete circunstancias de la acción englobada en el relato, sobre las que se basan siempre la **fábula o historia** (secuencia lógica de los eventos) y el **discurso** (desarrollo narrativo) de todo texto:

- persona (¿quién?)
- acción (¿qué cosa?)
- tiempo (¿cuándo?)
- lugar (¿dónde?)
- causa (¿por qué?)
- método (¿cómo?)
- instrumento (¿con qué medio?)

Si el discurso responde a cada una de estas preguntas, se logrará continuidad y lógica narrativa.

LA CONCLUSIÓN, EL FINAL

El final de una novela puede ser definitivo o bien dejarse entender que la historia proseguirá.

En ambos casos debe ser resolutivo para el conflicto que se acaba de narrar y debe dejar en el lector una sensación de integridad, de completitud.

La conclusión de una historia puede dejar en el lector una sensación de serenidad, sabor triste o dulce, hasta una curiosa expectativa, como en una novela que deje entrever una continuación.

El final de una novela tiene casi siempre la característica de mostrar la "firma" del autor, la impronta de su participación sensible en la obra realizada.

Es muy importante la elección del **título** de una novela. Es lo primero que el comprador de un libro lee y, por eso mismo, debe golpear su sugestión y su interés, refiriéndose a la historia narrada, incluyendo su sentido moral, psicológico o temático.

EJERCICIOS

Ejercicio 1

Ejercicio para la concisión expresiva, en el que la fábula y el discurso respondan a las siete circunstancias de la acción comprendida en el relato.

Escribir un microcuento (de unas cien palabras) de género sentimental o humorístico, partiendo del siguiente principio: "Lo vi reflejado en el espejo".

Recuérdese que la evidencia de un detalle puede sustituir una frase entera o un pensamiento, así como la omisión de una declaración puede ser, por sí misma, una revelación.

Ejercicio 2

Ejercicio para la descripción sensibilizante de las imágenes o de las situaciones.

Inspirándose en la imagen propuesta, escribir un cuento de tema libre que no supere las tres hojas y que contenga al menos un momento descriptivo con una contemplación poético–

estética de las imágenes o de los sentimientos de la situación narrada. Se permite el uso de abstracciones, juicios críticos, éticos, morales.

Recuérdese dejar "decantar" lo escrito durante algún tiempo, para luego releerlo y pulirlo sin remordimientos. A menudo quitar frases o imágenes superfluas es más sabio que dejarlas.

LECCIÓN 3

Tiempo narrativo, introducción a los géneros literarios, las novelas de ciencia ficción

La experiencia madurada en la conducción de cursos de escritura creativa me ha revelado que el problema más frecuente de quien escribe no es la falta de fantasía al concebir historias y construir tramas narrativas sino algunas dificultades sintácticas, como la puntuación y el correcto uso de los tiempos verbales, y por eso en esta tercera lección nos ocuparemos del tiempo narrativo y de la abstracción temporal en la narración. Nos introduciremos, además, en los géneros literarios, empezando con el de la ciencia ficción y sus afines: distópico, utópico, ucrónico, subgéneros que con frecuencia se contaminan unos a otros por aspectos levísimos.

TIEMPO NARRATIVO

Cualquier texto de secuencia narrativa debe contener al menos una transformación dinámica de un estado temporal a otro (narrativo mínimo).

La narración en las lenguas románicas usa principalmente la alternancia de los tiempos de pretérito imperfecto, pretérito perfecto simple, pluscuamperfecto e indefinido.

El uso del tiempo verbal imperfecto es de tipo descriptivo y sirve para presentar al lector la escena en la que luego ocurrirá la acción propiamente dicha, expresada por el pretérito perfecto simple con la función de hacer avanzar la historia.

Así, se empleará el tiempo imperfectivo para narrar y el perfectivo para fijar los puntos de avance de lo narrado. A estos dos tiempos verbales les acompañarán a menudo otros dos tiempos con funcionalidad de largo movimiento en el eje temporal en que se mueve la narración; son el pretérito pluscuamperfecto, para indicar el momento del suceso inicial, y el condicional simple o compuesto, para indicar sucesos que siguen al momento inicial.

Como ejemplo de texto donde se alternan tiempos de pasado con tiempos de presente, proponemos este fragmento del relato "Las babas del diablo", de Julio Cortázar:

Esta biografía era la del chico y la de cualquier chico, pero a éste lo veía ahora aislado, vuelto único por la presencia de la mujer rubia que seguía hablándole. (Me cansa insistir, pero acaban de pasar dos largas nubes _desflecadas. Pienso que aquella mañana no miré ni una sola vez el cielo, porque tan pronto presentí lo que pasaba con el chico y la mujer no pude más que mirarlos y esperar, mirarlos y...) Resumiendo, el chico estaba inquieto y se podía adivinar sin mucho trabajo lo que acababa de ocurrir pocos minutos antes, a lo sumo media hora. El chico había llegado hasta la punta de la isla, vio a la mujer y la encontró admirable. La mujer esperaba eso porque estaba ahí para esperar eso, o quizá el chico llegó antes y ella lo vio desde un balcón o desde un auto, y salió a su encuentro, provocando el diálogo con cualquier cosa, segura desde el comienzo de que él iba a tenerle miedo y a querer escaparse, y que naturalmente se quedaría, engallado y hosco, fingiendo la veteranía y el placer de la aventura._

Obsérvese cómo la gran mayoría de los tiempos verbales que aparecen en el texto figuran en pretérito imperfecto, pretérito perfecto simple o pretérito pluscuamperfecto pero en el aparte que se introduce entre paréntesis el narrador de la historia utiliza verbos en presente: "me cansa insistir", "acaban de pasar", "pienso"..., de tal manera que se produce un interesante contraste entre el tiempo de la historia narrada y el tiempo desde el que nos la cuenta el narrador.

Por lo que se refiere al contexto narrativo se puede elegir seguir un **tiempo físico** o un **tiempo lingüístico**.

El tiempo físico es aquel en que se nace, se crece y se muere, el que sigue el orden cronológico de los acontecimientos.

El tiempo lingüístico es aquel en que el narrador decide la sucesión de los eventos según su propio criterio narrativo. Esto sucede cuando se intercalan en el texto narrado episodios del tipo del *flashback*.

El flashback, o analepsis, nos lleva siempre a un suceso precedente a la narración corriente de la novela. Debe ser una escena, nunca una entera narración. Su acción debe ser descrita como si sucediese en ese instante, irrumpiendo en la linealidad de la narración, como un pensamiento que revive.

Debe tener, además, la vitalidad de la inmediatez y, para lograrlo, nunca debería ser introducido por un adverbio de tiempo.

Cuando se desee dar movimiento a la narración, se puede decidir iniciarla en un momento particular de la historia, un momento central en ella, un hecho pasado definido como *in medias res*, del que después se puede volver hasta el presente de la narración.

Cuando el narrador decide no narrar mediante el **tiempo físico**, la lectura se vuelve más dificultosa. Esto induce a los autores de fábulas y cuentos de hadas, por naturaleza destinados a un público infantil y juvenil, a seguir el tiempo físico.

El **presente narrativo** es usualmente utilizado por los cuentos de hadas, las fábulas, los perfiles biográficos, los chistes, las anécdotas.

El **presente histórico** es usado como inciso en una narración en pasado, para puntualizar una acción o un momento particular. Se encuentra con frecuencia en narraciones de origen oral.

Ejemplo:

No son más silenciosos los espejos
ni más furtiva el alba aventurera;
eres, bajo la luna, esa pantera
que nos es dado divisar de lejos.
Por obra indescifrable de un decreto
divino, te buscamos vanamente;
más remoto que el Ganges y el poniente,
tuya es la soledad, tuyo el secreto.
Tu lomo condesciende a la morosa
caricia de mi mano. Has admitido,
desde esa eternidad que ya es olvido,
el amor de la mano recelosa.
En otro tiempo estás. Eres el dueño
de un ámbito cerrado como un sueño.[7]

---

[7] Poema *A un gato,* de Jorge Luis Borges.

SUGERENCIA

En cada relectura del texto que se esté escribiendo, verifíquese si se mantiene siempre el control de la lógica de los sucesos y hechos narrados, porque conviene no olvidar nunca que lo que está claro para quien ha concebido la historia puede ser del todo desconocido para quien la lee.

En novelas de tipo biográfico se pueden hallar capítulos enteros que, si bien insertos en el contexto lineal de la historia, son narrativos por sí mismos y se refieren a acontecimientos precedentes, justificados por lo que viene narrado en la novela. Tal forma narrativa debe evitarse, a ser posible, porque echa al lector fuera de lo narrado, generando confusión y desinterés por lo que se lee.

Otro caso es la novela que continúa a una precedente y que, sin embargo, debe poseer la fuerza de poderse narrar teniendo en cuenta que el lector no haya leído la anterior. En este caso se aconseja crear una escena donde haya un pretexto para recordar en pocas alusiones el asunto de la anterior o su punto de llegada. Luego será misión del escritor presentar a los mismos personajes, protagonista, coprotagonista, antagonista, etc. y lugares con justa habilidad descriptiva, que resulte completa para quien los va a conocer por primera vez y que al mismo tiempo no sea repetitiva para quien ya se encontró con los personajes en la anterior novela.

EL GÉNERO LITERARIO

El género es el modelo narrativo que asume unas propias características estilísticas y temáticas del argumento tratado. Está también incluido en el significado de género el concepto de asunción de generalizador del particular atípico del asunto narrado.

Creo que no he sido clara. En pocas palabras, no hay en el mundo una hoja de pino igual a otra o un hilo de hierba igual a otro pero cada hoja que vemos, o cada hilo de hierba que pisamos, reconduce nuestra percepción a la categoría hojas de pino o hilos de hierba.

El problema de la subdivisión según criterios objetivos de las obras literarias ya se planteó en Grecia en el s. IV a.C., cuando florecieron los grandes poemas épicos, la lírica y el teatro, después de que Platón en la _República_ expusiera la influencia de los contenidos de las obras en la formación del ciudadano. Aristóteles, en la _Poética_, trazó una clasificación de géneros, subdividiéndolos en caracteres específicos: el dramático, género al que atribuyó mayor espesor literario, y el épico o narrativo.

A partir de esa subdivisión en época helenística se definieron preceptos normativos en el estudio del estilo: aspectos lingüísticos, métricos y retóricos. Esto condujo a la definición de tres niveles estilísticos: estilo elevado, propio de la épica y la tragedia; estilo medio, reservado para la elegía y la lírica; estilo bajo, característico de la comedia y del mimo.

En época romana Horacio, en la Epístola a los Pisones o _Ars poetica_, partiendo de las reglas aristotélicas, puso a examen la pertenencia de un texto a un género en base al estilo, al contenido y a la expresión, e indicó reglas y sugerencias para lograr una obra perfecta, desde la simple exposición para el lector a la capacidad de autocrítica en el acto de escribir.

Tales subdivisiones gozaron de atención durante todo el medievo. En España, destacaron los escritos sobre retórica de famosos humanistas como Antonio de Nebrija, Luis Vives o Francisco Sánchez de las Brozas, el Brocense, entre otros. Los filólogos del siglo XVI aportaron otras reglas, estableciendo que la poesía dramática, proviniendo de la imitación, no consentía la aparición del mundo interior del autor; la poesía lírica admitía la subjetividad del autor; la poesía épica posibilitaba la alternancia de las dos maneras expresivas precedentes.

Bajo esos criterios se distinguieron: _formas dramáticas_, sujetas a las tres reglas aristotélicas de unidad de acción, tiempo y lugar, comprendiendo: tragedia, comedia, drama, representación sacra, farsa, drama pastoril, melodrama; _formas narrativas_, comprendiendo: poesía, épica caballeresca, heroica, histórica; _narración_: fábula, cuento, novela corta, relato, novela; _formas subjetivas_: lírica, elegía, idilio, epigrama, sátira.

A partir de la época romántica, cuando el arte fue concebido como expresión del sentimiento, las subdivisiones anteriores decayeron, en particular para la novela, en la que se reunían elementos épicos, líricos y narrativos, facilitando que el estilo pudiera asumir tonalidades diversas. Lo mismo ocurrió con el teatro, cuyo argumento histórico hizo decaer las tres unidades aristotélicas y en el que se fusionaron elementos cómicos y dramáticos. En el Neoclasicismo, destaca la _Poética_ de Ignacio de Luzán, así como la aportación de Leandro Fernández de Moratín, entre otros. En la época del Romanticismo, en este campo, sobresale la obra de Manuel José Quintana.

Ya en el siglo XX, los máximos teóricos de retórica de la literatura española fueron, entre otros, Tomás Albaladejo, Fernando Lázaro Carreter y Antonio García Berrio, que asumieron posiciones diversas e incluso opuestas a veces en lo referido a acoger las antiguas subdivisiones. En la segunda mitad del XX, con el estudio de la sociología y de la comunicación, los géneros literarios volvieron a recibir el valor de categoría.

Empezaremos por tratar el **género de la ciencia ficción** (del inglés *science fiction*).

Características de este genero son las ambientaciones en un contexto social futurista u otro respecto al presente, en el que la ciencia y la técnica se hallan particularmente desarrolladas.

Las historias de este género, que pueden narrarse en el tiempo contemporáneo, futuro o pasado, están ambientadas a menudo en lugares lejanos del planeta Tierra o en una situación ambiental diferente de la que vive el lector: bajo tierra, bajo el mar, en un tiempo cambiado, en una dimensión suspendida, en una física terrestre alterada, en un ecosistema desconocido...

En estas novelas con frecuencia aparecen seres alienígenas, máquinas inteligentes, hombres mutantes o caracterizados por una psicología *sui generis* o incluidos en otra clase social.

La ciencia ficción puede asumir carácter divulgativo para la ciencia y la tecnología, puede poner en guardia de los peligros que de ella o de sus desarrollos se podrían derivar, dejando interrogantes sobre las consecuencias del progreso científico. En ellas se narran amenazas venidas de mundos ignotos o la conquista de otros planetas por el hombre, peligros de contaminación, agitación del ecosistema, turbaciones éticas y psicológicas de la sociedad...

En el curso de la historia de la Literatura este género ha recibido la influencia del pensamiento ético y filosófico del contexto social de la época en que apareció, dando vida a temas cada vez más relacionados con las expectativas o temores de la sociedad corriente, de la confianza incondicional en la ciencia, iniciada en la era del positivismo, en el terror atómico de la guerra fría, demostrando de este modo la atención de los autores en el empeño de transmitir un mensaje social.

La _ciencia ficción social_, es decir donde se platean hipótesis sobre sociedades diferentes a la nuestra o bien degradadas e irreconocibles, ha dado origen a subgéneros de tonos muy diversos, donde comparecen sociedades perfectas y muy organizadas cuyos habitantes conviven en un equilibrio entre ellos y la naturaleza – **género utópico** –, sociedades dominadas por la aberración de los hombres – **género distópico** – o bien ambientadas en una realidad donde la Historia ha tomado un curso alternativo del que era corriente o esperable – **género ucrónico** –.

EJERCICIOS

Un alienígena altísimo se encuentra en la ciudad. Este, visiblemente diferente del resto de los seres que pueblan el lugar, es el elemento anómalo. ¿Qué ha sucedido? ¿Por qué se encuentra allí? ¿Cuál es la acogida que recibe? ¿Qué piensa? ¿O qué piensan de él? ¿Es él quien está en un lugar donde no debería estar o bien son los otros los que han invadido su espacio, defendiéndose en su mundo como bacterias en un estanque? Los hombres querrían comunicar entre sí, fotografiando su imagen, telefoneándose pero sus dispositivos están bloqueados, inservibles: aislamiento social.

¿Podría ser el inicio de un momento de los que hacen época, donde la presencia de un elemento anómalo llevará al desorden de las mentes y al fin de una sociedad? ¿O bien es la criatura altísima que, hallándose inesperadamente sola, ya no reconoce su propio ambiente, invadido por extraños, pequeños individuos que se refugian en conchas de metal?

¿Y el aire será respirable? Esas máquinas ¿serán irritantes por las mucosas del ser? El ser, en sus miasmas, ¿habrá difundido un virus desconocido y letal para los hombres? ¿Hallarán los hombres y el ser un punto de contacto comunicativo? ¿O bien uno prevalecerá sobre los otros o viceversa?

¿Y si el ser fuera quizá un animal prehistórico terrestre que, a través de una galería gravitacional (puente de Einstein–Rosen), llegó desde el Cretácico al año 2012?

Estas son solamente algunas de las hipótesis de las que partir para componer un relato de al menos diez, quince folios del género de ciencia ficción.

Se puede, obviamente, elegir poner a examen otros puntos que no he comentado y que sean para el autor como ejercicios motivo de inspiración.

El relato deberá contener un mensaje ético, o bien pondrá luz sobre un aspecto de reflexión social. La historia podrá concluirse con un final feliz o no. Podrá incluso no concluirse pero dejando en el lector la intuición de cómo terminará.

¡Atención!

Es necesario tener siempre en cuenta la **verosimilitud** de lo que se narra, documentándose sobre lo que se refiere al ámbito del concepto científico, estando atentos para no cometer errores graves de aproximación e inexactitud. ¡La fantasía sin finalidad específica dejémosla en el mundo onírico!

El enfoque de argumento científico, si bien es a menudo técnico en su enunciación, no debe dejar de respetar la forma, teniendo siempre en primer plano el uso cuidado del lenguaje y de la expresión literaria.

LECCIÓN 4

Sensibilización, emoción y dramatización,

la novela policíaca y la novela negra

Con la introducción de los géneros, su examen y la práctica mediante la ejercitación relativa, es preciso detenerse un poco en la **sensibilización**, **emoción** y **dramatización** de un texto narrativo. Cada género literario, sea la fábula, la novela negra o sentimental, comporta un momento narrativo que requiere una elección para superar un obstáculo o se debe afrontar la consecuencia de una acción anterior (complicación) que el protagonista ha cumplido o en la que se halla envuelto.

Para mantener viva la **dramatización** de un texto se puede recurrir al artificio de hacer intuir al lector que algo está por suceder, logrando el efecto de la tensión. Esto puede hacerse relativamente en una sola escena o en un episodio y puede resolverse con un vacío que confunda al lector, o bien plantearse otros elementos, repitiendo una serie de altos y bajos emotivos para goce de la atención del lector.

Es estratégico escribir escenas cargadas de tensión desde el inicio, creando pronto un personaje simpático (protagonista u otro) y ponerlo sucesivamente en situaciones de peligro.

En cambio, cuando se prefigura algo no anunciado pero que continúa en toda la aventura, se crea un verdadero **suspense** (desequilibrio no resuelto).

Es la concatenación de hechos lo que agita la curiosidad del lector sobre lo que está por suceder y no sucede, o bien que algo cese y, por contra, no cese. El lector debe inquietarse en la espera que se desarrolle en los peligros y el personaje, ensimismarse con ellos, y padecer hasta el final. Por ejemplo los contratiempos que en un *thriller* pueden ocurrir al protagonista que tras mil peripecias va en la búsqueda urgente del detonador que tiene accionado un temporizador.

Luego está la situación de **riesgo** del protagonista, que se logra con mayor éxito si antes se ha conseguido hacerlo entrar en fuerte empatía con el lector y crezca (clímax) el nivel del riesgo hasta la solución final. Cuanto más estime el lector al personaje, más se vivirá el riesgo con emoción. Para hacer amar un personaje se debe desvelar su psicología y carácter (conflictos interiores, dudas, deseos, miedos), hasta que se le conozca a fondo incluso en los momentos más críticos.

El riesgo no necesariamente debe constituir peligro vital, puede considerarse riesgo incluso una huelga de transportes que impida a un estudiante acudir a defender su tesis de licenciatura.

Para valorar la oportunidad de incluir episodios de riesgo, el consejo a quien escribe debe ser preguntarse a menudo qué ocurriría si a tal personaje le sucediese no triunfar en el desarrollo de algo en el que se ha empeñado (riesgo) y cómo podría acabar. Si esa consideración pone en peligro nuestra elección resolutiva de narración, significará que tales hipótesis de riesgo serán agradecidas por el lector.

Los riesgos pueden afectar incluso a la humanidad. Entonces el consejo es el de extender tales peligros también al protagonista, pero evitando que el lector viva tal riesgo social con distancia. El riesgo vivido por el personaje debe inducir a pensar qué perdería si les sucediese tal cosa. Casi debe estar en constante queja, útil para aproximarlo al lector.

El riesgo puede llevar aparejado otros riesgos en cadena y consecuentes (ej. traición descubierta, divorcio, pérdida de la custodia de los hijos).

Los elementos narrativos presentados ofrecen el pretexto para examinar el **género**

policíaco y sus afines, la **novela negra** (y el _thriller_).

Nacido al inicio del siglo XIX, derivando del folletín francés en el que las historias llegaban a suscitar fuertes emociones, el género policíaco se caracteriza por una trama que prevé una acción delictuosa, usualmente movida por motivos económicos o pasionales, y uno o más personajes que indagan para encontrar al responsable o responsables del crimen.

En concreto, el género policíaco pone al centro de la historia el tema de investigación, mientras la novela negra narra las aventuras, el suspense y los golpes de escena, como, por ejemplo, personajes tranquilos que se revelan como peligrosos psicópatas.

En el género policíaco el protagonista suele ser un policía funcionario del estado, un detective privado, una señora mayor (ej. Miss Marple, anciana chismosa), un cura (ej. Padre Brown, sanador de almas) pero puede ser también cualquier personaje dotado de peculiar capacidad de observación y espíritu crítico y deductivo. También puede ser un coprotagonista, un ayudante (ej. el Doctor Watson para Sherlock Holmes, el Capitán Hastings para Poirot).

La historia narrada parte de un enigma aparentemente insoluble y pretende realizar la ruta lógica en la cual el investigador pueda averiguar quién ha sido el autor del delito.

En la historia, durante la investigación, puede aparecer el uso del método científico para la búsqueda de pruebas, como la lectura de las huellas digitales, el examen del ADN, la prueba del luminol, la lectura de tablas telefónicas, la filmación de las cámaras de videovigilancia, la prueba del polígrafo, etc.

Otra característica muy frecuente del género es el tipo denominado "whodunit?", contracción de la expresión inglesa para indicar "¿quién lo hizo?", que consiste en reunir a todos los sospechosos en una estancia para descubrir al culpable. No ha de olvidarse el análisis de la psicología de los personajes sospechosos y la colaboración entre diversos cuerpos de policía.

En las novelas negras no siempre triunfa la justicia, el reo puede quedar libre, pero sí que se llega siempre a la solución del delito.

La narración de una novela negra es tanto más atractiva cuanto más consigue interactuar con el lector, ofreciéndole mano a mano elementos concretos de la investigación para llegar a la resolución del caso, dando paso a una verdadera y propia competición entre investigador y lector.

La novela policíaca puede tener una impostación rigurosamente científica, de acción (novela negra) o ser narrada en términos legales mediante la repetición de un proceso (ej. Perry Mason). La ambientación puede ser muy variada, como en las novelas de Agatha Christie (en tren, en una excavación arqueológica, de vacaciones en el mar, en una finca en el campo, etc.).

En este género es importante la caracterización psicológica de los personajes y su dimensión humana (condiciones económicas, familia, etc.) sea de los investigadores (ej. Hercule Poirot, meticuloso y susceptible) o del reo (ej. Arsenio Lupin, caballero ladrón, o bien el asesino en serie, despiadado y cínico). Es frecuente la caracterización del "duro", polizonte desencantado que busca desafiar al mundo corrupto de la policía o del gobierno.

El género policíaco no siempre se limita a la indagación del crimen sino que puede introducir en la trama elementos de variada relevancia que lo coloca en el más vasto género de novela (ej. _Las hermanas coloradas_, de Francisco García Pavón, retrato de la España rural; _La verdad sobre el caso Savolta_, de Eduardo Mendoza, se sitúa en la Barcelona de 1917–1919; _El invierno en Lisboa_, de Antonio Muñoz Molina, que refleja el mundo del arte; _Iacobus_, de Matilde Asensi, novela histórica, con trasfondo medieval).

EJERCICIOS

Ejercicio 1
Robo en el museo
Partiendo del pretexto del robo en el museo, escribir un relato (de extensión libre) o un episodio policíaco/negro que sepa reflejar algunas de las características anteriormente ilustradas del género y que a juicio del autor se consideren oportunas.

Sugerencias

Recuérdese siempre que todo elemento o personaje que sea introducido en un contexto narrativo debe tener una razón de ser y no se le puede hacer desaparecer improvisadamente sin motivo.

Los diálogos entre los personajes deben tener un mínimo de densidad, de otro modo es mejor evitarlos, porque no aportan ni enriquecen nada la narración.

Controlar siempre que todo lo narrado tenga coherencia para los fines de la trama del relato.

Cuidar el detalle narrativo: un simple adjetivo puesto antes o después del sustantivo al que acompaña puede determinar un significado u otro y sugerir una tonalidad más que otra. La imagen de un particular puede dar la pista de arranque o pretexto para toda la historia.

Ejercicio 2

Delito en vacaciones

Escribir un relato negro en el que el asesino, en viaje de novios con su nueva esposa riquísima, se sirve de un veneno o de un arma de fuego para matarla y heredar sus bienes.

Este ejercicio es para la verosimilitud de los elementos narrativos, en el sentido de que se deberá efectuar una pequeña investigación para justificar de qué manera una persona que no posee armas pueda procurarse una fácilmente o de qué manera – no siendo farmacéutico, químico o médico – pueda conseguir un veneno.

LECCIÓN 5

Diálogos, lenguajes

Tras la introducción a los géneros de ciencia ficción y policíaco, se hace necesario tratar de los diálogos de modo directo. Por desgracia, no siempre se da soltura narrativa y los textos dialogados no son fáciles de escribir para todos los autores. Así, los diálogos de un texto pueden parecer poco brillantes o inútiles a los fines de lo narrado y hacer decaer la novela que se está escribiendo.

Analicemos, por tanto, algunos aspectos a tener en cuenta para la escritura de diálogos en forma directa.

Los diálogos de los personajes pueden ser expresados formalmente mediante el **estilo directo** o bien **indirecto**, es decir, narrado. Pongamos a examen los de estilo directo.

El diálogo debe ser expresado en un lenguaje esencial, para no resultar aburrido, sin embargo debe transmitir expresividad, formando casi una imagen, y estar en grado de producir sentimientos y sensaciones, presentando no un pregunta–respuesta seco sino utilizando la ocasión para ofrecer un pretexto narrativo (transversalidad narrativa).

Ejemplo de tramo dialogado[8], que refleja una agitada conversación entre padre e hija, hallada tras una fuga forzada de la misma, dinamitera durante los años sesenta, y que narra los sentimientos, el pensamiento, la psicología, el ambiente y la vivencia de los dos interlocutores.

[…] – _¿Quién es Rita Cohen? – preguntó._

– _No lo sé. ¿Quién es?_

– _La muchacha que vino a mí en nombre tuyo. En el 68. Tras tu desaparición. Vino a buscarme a la oficina._

– _Nadie vino nunca a buscarte en mi nombre. Yo no te mandé a nadie._

– _Sí, una chica pequeña. Muy pálida. Con pelo a lo africano. Pelo negro. Le di tus zapatillas de ballet, tu álbum de Audrey Hepburn y tu diario. ¿Es ella la persona que te empujó a hacer estas cosas? ¿Ella fue quien preparó la bomba? Una vez, cuando estabas en casa, hablaste por teléfono con alguien: una de esas conversaciones secretas que tenías… –_

---

[8]   Extraído de _Pastoral americana_ de Philip Roth.

Conversaciones secretas que, como el manifiesto, tú respetabas. Ah, si hubiera arrancado el manifiesto y puesto un candado al teléfono, si la hubiera encerrado en su cuarto! – ¿Era esa la persona? – le preguntó ahora.

– Te lo ruego, dime la verdad.

– Yo digo solo la verdad.

– Le di diez mil dólares para ti. Se los di al contado. ¿Recibiste ese dinero o no?

Su risa era bondadosa. – ¿Diez mil dólares? Todavía no, papá.

– Entonces debes darme una respuesta. ¿Quién es esa Rita Cohen que me dijo dónde podría encontrarte? ¿Es la tal Melissa de New York?

– Me encontraste – respondió ella, – porque me buscabas. Nunca pensé que no me encontraras. Me has buscado porque debías buscarme.

– ¿Has venido a Newark para ayudarme a localizarte? ¿Por eso has venido aquí?

Pero ella le respondió – No.

– ¿Entonces para qué has venido? ¿Qué pensabas? ¿Pensabas en algo? Sabes dónde está la oficina. Sabes lo cerca que está. ¿Dónde está la lógica, Merry? Tan cerca está y...

– *Me han dado un paseo y aquí estoy. ¿Entiendes?*

– *Ya. Una coincidencia. Ninguna lógica. Nunca ninguna lógica.*

– *El mundo no es lugar sobre el que yo tenga influencia o desee tenerla. Renuncio a cualquier influencia sobre toda cosa. Y en cuanto a lo que constituya una coincidencia, tú y yo, papá...*

– *¿Renuncias a cualquier influencia?* – *gritó él.* – *¿Ah, sí? ¿"A cualquier influencia"?* – *La conversación más exasperante de su vida. La prepotencia de aquella solemnidad, absurdamente inocente, profundamente desequilibrada, tan bien marcada, el horrible candor del cuarto y de la calle, el horrible candor de todo lo que, fuera de ellos, ejercía un control tan fuerte.* – *¡Tú tienes una influencia sobre mí,* – *gritó,* – *estás influyéndome! ¡Tú, que no quieres matar ni una mosca, me estás matando a mí! Eso que, ahí sentada, tú llamas "coincidencia", es influencia: tu impotencia es poder sobre mí, ¡maldición! Sobre tu madre, sobre tu abuelo, tu abuela, sobre todas las personas que te aman: llevar ese velo es una idiotez, Merry, ¡una completa y absoluta idiotez! ¡Eres la persona más poderosa de la tierra! [...]*

Al construir un diálogo es necesario recordar que dos personas que conversan no conoce una los pensamientos de la otra y que, por tanto, también pueden caer en malentendidos o disputas.

Si es posible, mejor evitar en los diálogos escritos el uso de interjecciones (bah, ah, eh, oh…), partículas invariables del discurso que indican el estado de ánimo del que habla, siendo preferible a este la descripción literaria de la psicología, humor y sentimientos del personaje.

Hay que preguntarse siempre si tal diálogo elegido para un personaje aporta algo a la narración, de otro modo mejor quitarlo. Para valorar la efectiva utilidad de un diálogo incluido en un contexto narrativo, mi sugerencia es la de probar a trasponer el mismo diálogo en forma narrativa indirecta. Haciendo así, se notará la efectiva utilidad de algunos chistes empleados. Se trata de esas bromas introductorias o de saludo que no ofrecen nada al lector, sea desde un punto de vista narrativo, sea literario, y que deberían evitarse.

El lenguaje hablado, si se quiere que sea dialectal, jerga o agramatical con el fin de caracterizar al personaje, nunca se debe abusar de ello, porque a la larga cansa al lector.

El diálogo puede constituir elementos de caracterización del personaje y por eso debe atenerse a la psicología y cultura de quien lo emite. Por ejemplo, dos pastores que se encuentran durante la trashumancia es probable que hablen de pastos y hierbas; nunca conversarán de la tendencia de la última colección de zapatos Prada, aunque es posible que el oficio de pastor lleve a los dos colegas a intercambiar pensamientos de alguna profundidad filosófica, quizá dichos con lenguaje elemental pero que, de todos modos, no afecta a la importancia de lo que se expresa.

De ello se puede deducir que el lenguaje puede estar sujeto a diferentes parámetros de variación:

• La lengua cambia a lo largo del eje del tiempo (variedad diacrónica), evolucionando;

• La lengua varía según las diversas áreas geográficas donde se habla (variedades diatópicas);

• La lengua varía según el grupo social de los que la hablan (variedad diastática);

• La lengua cambia conforme al uso comunicativo que se hace de ella, es decir, en base al contexto y a la situación (consideración del interlocutor, objetivo y comunicación que se da) y a la formalidad o informalidad de lo que se expresa (variedad diafásica);

• La lengua varía según el medio físico en que se desarrolla (variedad diamésica), ya sea la radio, la televisión, un periódico, una novela o un documento.

Ejemplos:

1) Ejemplo expresivo de variación diacrónica:

"Quiero un kilo de uvas" por "Querría un kilo de uvas".

En ese caso el presente, en lugar del imperfecto, asume una forma atenuada de cortesía

2) Ejemplo expresivo (de léxico) de variación diatópica:

"supermercado" o "hipermercado" por "ultramarinos" o "colmado".

Consideración aparte merece el lenguaje de los jóvenes que en cada región se manifiesta con colorida expresividad e informalidad. En él se aprecia léxico repetido, intercalado ("joder", "o sea", "ná"…) y dialectalismos de distinto tipo. Son frecuentes las expresiones vulgares "¡qué mierda!" "¡qué palo!" "¡cómo mola!" "vete a tomar por..." e innovaciones tomadas de lenguas extranjeras.

3) Ejemplo de modo de decir una misma cosa conforme a la función diafásica:

morir / dar el alma a Dios / fallecer / perecer / fenecer / extinguirse / expirar / agonizar/ cerrar los ojos / pasar al reino de los más / exhalar el último aliento / pasar a mejor vida / subir al Cielo / abandonar este mundo / perder la vida / apagarse / faltar / desaparecer / cesar de vivir / boquear / estirar la pata / volver al Creador / irse al otro mundo / dejarse la piel / criar malvas / espichar / diñarla...

4) Malos ejemplos de lenguaje hablado que a menudo son usados también en el escrito:

– "le", "la", "lo" usados impropiamente (lo que se conoce como leísmo, laísmo y loísmo)

– pronombres de distinto tipo que forman dativos éticos, emotivos (*me* he comido un bocadillo / *te* viste la película...)

– apócopes: "ná" por "nada", "tó" por "todo", "pá" por "para"

– acortamientos: "peli" por "película", "profe" por "profesor", ""bici" por "bicicleta"

Otras exigencias expresivas de lo hablado llevan a aumentos, énfasis o diminutivos: ej. "tráfico monstruoso" / "espere un segundito".

EJERCICIOS

Teniendo muy presente el consejo de producir sentimientos y sensaciones, crear un diálogo (se proponen dos ejercicios diversos) en donde aparezca transversalidad narrativa.

1) Dos amigas discuten por un chico.

Utilizar para la conversación el lenguaje de la jerga juvenil.

2) Conversación telefónica. El notario o el abogado habla con su defendido. Pretexto a placer: herencia, custodia del hijo, trámites de divorcio, etc.

Utilizar para la conversación un lenguaje formal y burocrático.

LECCIÓN 6

Caracterización de los diálogos, el cuento de hadas y la fábula

Es evidente que el lenguaje juvenil, como el erótico de otro tiempo, en el que la metáfora estaba muy generalizada, es también rico en metáforas y símiles, palabrotas, modismos, etc.

Se trata a menudo de una forma de hablar desbocada que manifiesta una especie de protesta de los jóvenes hacia el lenguaje burgués hablado en el mundo de los adultos.

Lo mismo sucedió en Italia tras el 68 con el lenguaje hablado corrientemente por las mujeres, las cuales, a raíz de las protestas reformistas de la juventud, asumieron tonos menos formales en el lenguaje corriente y empezaron a usar términos hasta entonces considerados como vulgares e inaceptables por el lenguaje femenino (mierda, loco, deprimirse, comerse el coco, etc.).

A la luz de lo dicho, cuando se escribe un texto que contenga diálogos, es necesario enmarcar el tiempo (el momento histórico), el ambiente, la cultura en que se mueve el personaje que se desea hacer hablar.

Es preciso subrayar que no se debe exceder en el uso de dichos lenguajes, porque cansan al lector. Es importante también que se utilicen tan sólo si se tienen las herramientas necesarias para evaluar su exactitud. Para entendernos, si se desea hacer hablar a un personaje incluido en una determinada región y se quiere caracterizarle con expresiones dialectales, comprobar antes que sean adecuadas a tal dialecto; o bien si su habla es antigua, comprobar que los vocablos usados se corresponden con la época que se toma en consideración y no con épocas anteriores o posteriores a la que se ambienta en la narración y en la que se hace actuar al personaje.

Lo mismo sucede con la prosa expresada en dialecto. No se puede hacer pasar por determinado dialecto un híbrido que se le asemeje. En tal caso, mejor evitar su uso.

La adopción de la lengua vulgar toscana como lengua nacional en Italia se debe al hecho de que, a través de Dante, Petrarca y Boccaccio, autores de magnas obras de enorme difusión, esta ya había asumido un cierto ajuste ortográfico, léxico y morfosintáctico, debido al buen uso de estos tres grandes literatos.

En cada región de Italia hoy se habla lo derivado en el tiempo desde aquel vulgar toscano.

Sin embargo, debemos recordar que la lengua se somete a una constante evolución en el tiempo, influida por la sociedad y por el uso de palabras extranjeras. En Italia, en concreto, el analfabetismo generalizado, que se prolongó mucho tiempo después de la unidad nacional, ha significado que hoy en día no exista una lengua nacional totalmente homogénea. De hecho, el uso de dialectos ha influido hondamente en el italiano, por lo que en algunas zonas se prefieren sinónimos de palabras usadas en otras regiones.

Recientes estadísticas demuestran que hasta la fecha, en el país se usan los dialectos por más del 52% de la población; la mayoría de los italianos continúa utilizando el dialecto y la lengua nacional. A esta mezcla se le llama dilalia.

Esto significa que los italianos usan dos tipos de lenguajes diferentes para la lengua nacional, uno para el italiano oral y otro para el escrito y formal. A este fenómeno se le llama diglosia.

En territorio italiano hoy en día se hablan todavía unos quince idiomas romances y variedades de lenguas no romances, que afectan aproximadamente el 5% de la población (albanés, griego, ladino, catalán, lengua de oc, alemán, esloveno, friulano, sardo). Es importante

73

considerar la influencia en el italiano de otras lenguas, como consecuencia de los flujos de inmigración de los últimos años en Italia y de las múltiples formas léxicas extranjeras introducidas en el lenguaje actual, particularmente del inglés.

En cuanto a los dialectos del castellano, se dividen entre septentrionales (del Norte de la Península Ibérica) y meridionales (del Sur, que incluyen, en parte, al español hablado en Hispanoamérica). Uno de los rasgos para distinguirlos son los distintos usos de los diminutivos. Por ejemplo, en el castellano de Asturias es usual emplear los diminutivos terminados en '–in' y así se dice: "Miguelín", "pelín", "tontín", etc. En cambio, en el castellano de Aragón se prefiere emplear el sufijo "–ico/a". Ejemplos: "librico", "bonico", "hijica", etc. Mientras que en la forma de hablar del Sur de España se emplean para los diminutivos los sufijos "–ino/a" (en extremeño se dice "un poquino", o sea, un poquito) o "–illo/a" (en andaluz se dice "chiquillo", "poquillo", etc.).

Los rasgos generales de los dialectos meridionales del castellano son:

–Aspiración de la s al final de la sílaba: "fiesta" suena ['fje^h.ta] y "casas", ['ka.sa^h].

–Yeísmo. Palatalización extrema de la –ll– hasta casi pronunciar –y–. Ejemplo: "chiquiyo".

–Seseo y ceceo. Se produce en Canarias y gran parte de Andalucía junto con el ceceo, pero es muy raro en Murcia (excepto en Cartagena) y Extremadura, y no se da en el resto de la meseta. El seseo consiste en pronunciar como –s– la consonante –c– seguida de –e– o –i–. Ejemplo: "sena", en lugar de "cena". El ceceo, fenómeno contrario, consiste en pronunciar como –c– la –s– seguida de –e– o –i–. Ejemplo: "zordao", en lugar de "soldado". El seseo también se da en muchos países de Hispanoamérica.

–Voseo. Es fenómeno propio del español de América y consiste en el uso de "vos" como sustituto del pronombre "tú". Se da sobre todo en Argentina y Uruguay. Ejemplo: "Vos no sabés lo que hacés", es decir: "Tú no sabes lo que haces".

Todas estas consideraciones deben tenerse en cuenta para la caracterización de los diálogos de los personajes de una novela.

Continuando el análisis de los géneros literarios, continuaremos la presente lección considerando los cuentos de hadas y también de las fábulas, de los que surge el género de fantasía, ahora muy demandado por un gran número de lectores y del que trataremos más adelante.

LOS CUENTOS DE HADAS

Son composiciones en verso o prosa, relatos cortos o cuentos de hadas generalmente asimilables a novelas cortas, difundidos en todas las regiones del mundo y que surgen de historias orales, derivadas de leyendas o mitos de tradición popular. En ellas aparecen figuras humanas y elementos fantásticos como magos, orcos, dragones, hadas, duendes, elfos, brujas, espíritus, genios y otros que varían de cultura a cultura, refiriéndose a normas sociales y tradiciones de las culturas a las que pertenecen.

Los cuentos de hadas, que generalmente narran historias de personas humildes, mostrando sus debilidades, supersticiones, miedos creados por los poderosos o lo ignoto, siguen una estructura fija, que puede resumirse así:

1) La época, la ambientación de partida, el escenario y los personajes que pueblan la historia son indefinibles ("Érase una vez"–"En un reino muy lejano"–"Un zapatero pobre");

2) Suceso repentino, a menudo improbable o absurdo, que da lugar a la acción del héroe;

3) Situación de peligro (no siempre concreto pero a menudo representado por un concepto abstracto como el hambre, la tristeza o el dolor), presencia eventual de un antagonista malvado (el bien y el mal en los cuentos de hadas siempre son absolutos, no hay medias tintas);

4) Aparición del héroe que salva al protagonista y cuya intervención también puede ser sobrenatural (por el uso de magia);

5) Derrota del antagonista, término del peligro, final feliz. A menudo se revela que el pobre es, en realidad, un príncipe y sus sufrimientos son recompensados. Existe en el final feliz un objetivo con fines educativos gracias a acciones éticas en el respeto a los más necesitados, los ancianos o las reglas del grupo social.

El lenguaje narrativo de los cuentos de hadas se caracteriza por el uso de un tiempo de verbo continuado, más accesible para un auditorio poco alfabetizado (en otro tiempo los cuentos de hadas fueron narrados ante el fuego durante largas noches en pueblos de la campiña, o estaban destinados a los niños). Característica de los cuentos de hadas es el uso de recurrentes y repetitivas fórmulas como "Érase una vez"– "Abracadabra…" – "Colorín colorado este cuento se ha acabado…" o repeticiones de palabras para captar la atención y persuadir al oyente: "En un reino lejano lejano..."

LA FÁBULA

Narración corta, sea en verso o prosa, cuyos personajes son generalmente animales que se caracterizan por la lengua y el comportamiento humano con rasgos de realismo. El propósito de la historia es transmitir valores y enseñanzas morales. Esto caracteriza la variedad de las fábulas y las coloca en edades y lugares diversos a lo largo de la historia, siempre sujetos a cambios sociales. A veces transmiten sabiduría popular y campesina; otras, asumen tonos polémicos contra los abusos de los poderosos, o bien se convierten en sátira política y religiosa.

Con frecuencia las fábulas se cierran con una coda de enseñanza moral. Ejemplo:

LAS MOSCAS (Félix María de Samaniego)

A un panal de rica miel

Dos mil moscas acudieron,

Que por golosas murieron,

Presas de patas en él.

Otra dentro de un pastel

Enterró su golosina.

Así, si bien se examina,

Los humanos corazones

Perecen en las prisiones

Del vicio que los domina.

EJERCICIOS

Escribir una fábula o un cuento de hadas, de extensión libre, en que aparezcan expresiones dialogadas (si es posible, usando rasgos de algún dialecto regional), cambiando luego esa misma narración con diálogos escritos en estilo indirecto y en el castellano estándar, normativo.

El paso de los diálogos a estilo indirecto será útil para la comprensión de la efectiva utilidad narrativa de las palabras dialectales elegidas.

LECCIÓN 7

Personajes, el género fantástico

Al final de la lectura de una novela, muchas veces en lugar de la trama lo que le queda al lector es su protagonista.

El protagonista o personaje principal tiene que encarnar lo que el lector querría ser. Debe tener la capacidad de superar todo lo que le inquieta (dudas, temores, miedos) y debe representar un ser un poco fuera de lo común, casi un héroe y, sin embargo, no necesariamente un tipo glorioso, de hecho su personaje podría mostrar defectos o vicios, por ejemplo podría ser un matón o una ninfómana. Ello es así porque puede ser considerado un "héroe" al que es capaz de salir de un rol predeterminado con coraje y valor.

El protagonista debe ser consciente de su forma de vida (también en sus defectos) y debe ser capaz de ejercer la autocrítica, aunque sea irónicamente, logrando crecer y madurar a ojos del lector.

Para satisfacer al lector a menudo es preciso hacer cumplir al personaje algo que nunca haría, demostrando generosidad, paciencia, capacidad de perdonar o intransigencia a ultranza.

Se aplican los mismos parámetros para esbozar la figura del antagonista pero operando al revés.

Entre las figuras que pueblan la novela se debe crear contraste, acción.

Todo carácter que sea secundario (social, cultural, étnico, religioso, generacional, lingüístico) de los personajes complementarios debe estar motivado para los fines de la historia y para contrastar con el protagonista y así reforzarlo, de lo contrario constituye un oropel vano (por ejemplo, es inútil hacer hablar repentinamente a un personaje en francés, u otra lengua extranjera, si ningún elemento narrativo lo justifica).

Cada personaje secundario debe tener su propia caracterización, y esta debe ser creíble y motivada (hábitos, formas de vestir, señas particulares, discurso, peinado, mentalidad, etc.).

Para dar vida a la trama y enriquecer el interés del lector, conviene crear relaciones entre los personajes (antagonistas, coprotagonistas y secundarios) y que entre ellos haya también conflictos y subtramas en evolución.

Los personajes siguen una idea de trama pero ellos mismos son los que la tejen. Deben estar vivos y conducidos imperceptiblemente por el escritor, que es quien construye la historia.

Es importante alcanzar la esfera emocional del lector, no transmitiéndole informaciones sino haciéndole penetrar directamente en los pensamientos de los personajes, en lugar de presentarle una lógica de la trama.

Conviene siempre hacerse algunas preguntas de interés:

- ¿La narración se reconduce al alma del lector?
- ¿Hay fragmentos superfluos? (Han de ser eliminados)
- ¿Ocurre algo que mueva a las emociones? (Debe ser incluido)
- Utilidad del episodio eventualmente inserto en la historia.

Es importante que no desaparezcan de repente los personajes incluidos, aunque sea en un breve momento, para que luego se diluyan en la narración.

Para lograr una mayor participación del lector es necesario adaptar la narración a la psicología del momento, incluso cuando se esté narrando algo que tiene lugar en una era diferente. El salto de tiempo puede hacerse con la historia y el entorno pero nunca con los sentimientos, que siguen siendo, sin embargo, comunes para todas las épocas. Esto permitirá al lector vivir las experiencias de los personajes representados.

EL GÉNERO FANTÁSTICO

No se recorrerá la entera historia literaria del género fantástico, que en cierta medida surgió de los cuentos de hadas, sino que se analizarán los elementos que, en esencia, reproducen los temas de leyendas y mitos en las historias que pueden colocarse en una dimensión ficcional, imaginaria, aunque similar a la vida real, pero que aún no encuentran ninguna explicación científica.

Símbolos, alegorías, metáforas, lo sobrenatural, el surrealismo, la magia, la épica, son algunas de las características del género que, sin embargo, brilla con luz propia – _pha_ en griego significaba luz – mostrando imágenes nítidas incluso en su lógica de niebla.

Las historias que pertenecen a este género suelen concluir con un final feliz, tanto si se tratan de cuentos heroicos como de historias de amor o muerte. El eros entra a menudo en conflicto con el amor romántico, que siempre termina por sacar lo mejor de sus pasiones. En algún caso, la conclusión presenta cierto discurso moralizante pero, en última instancia, el género pretende satisfacer el deseo del hombre de tender hacia lo posible sobrenatural.

El género hace frecuente uso de algunos lugares recurrentes, entre ellos la oscuridad, la noche, los infiernos, el mundo virtual de la red. Mientras que define al protagonista como una persona que afirma su propia personalidad en contraste con los otros personajes, sin embargo, él se puede definir como una dualidad en lucha consigo mismo, casi un doble de sí en competencia con su propio reflejo en el espejo, con su propia sombra, con su _alter ego_ o psíquico.

Un elemento frecuente en el género es la aparición del otro, de la bestia, del ser sobrenatural.

Es fuerte el simbolismo de las imágenes y detalles de los objetos, a veces personificados, que encierran significados metafóricos, capaces de justificar una realidad alternativa.

El procedimiento narrativo del género fantástico se confía usualmente a un narrador en primera persona que tan pronto aparece como desaparece en la nada, provocando emoción y sorpresa en el lector a través de la tensión y lo inesperado pero siempre con un fondo de sutil ironía irreverente.

EJERCICIOS

Ejercicio 1
Ejercicio de concisión. Escribir un microcuento (100 palabras) del género fantástico, a partir de las siguientes palabras: "Me vi reflejado en el espejo de agua".

Ejercicio 2
Describir, siempre en cien palabras, cualquier ambiente nocturno, en el que aparezca la niebla. Puede tratarse del campo, la playa, la ciudad, un puerto o cualquier otra ambientación que se desee.

Ejercicio 3
Siempre en cien palabras (o casi) describir los pensamientos de un viajero que se encuentra solo en tren por la noche.

Ejercicio 4
Teniendo en cuenta todos los rasgos para la caracterización de personajes, los clichés (lugares comunes en la ambientación), la

psicología con sentimientos y emociones
expresadas como diálogo interior, escribir un
texto de tema libre, máximo cuatro folios, donde
el personaje protagonista sea una mujer de claro
carácter masculino o bien un hombre afeminado.

LECCIÓN 8

Voz narradora y punto de vista del narrador,

la polifonía narrativa

La elección del género o subgénero es fundamental para concebir la estructura de la narración: biografía, historia de una reunión familiar, relato de viaje, episodio sentimental...

En un texto literario la narración puede hacerse de dos formas prevalentes:

- _Diégesis_, relato de la evolución narrativa en estilo indirecto (voz narrativa del escritor, punto de vista neutro);

- _Mímesis_, relato por parte de los personajes en estilo directo.

La narración también se caracteriza por el punto de vista variable, relativamente a elección de lo que el autor desea implementar:

- **punto de vista neutro** se da cuando el narrador describe detalladamente los hechos, lugares y pensamientos de los personajes. En este caso generalmente ocurre la narración en tercera persona y el eventual juicio sobre hechos y personajes es objetivo;

- **punto de vista interno** se da cuando el narrador se expresa desde el punto de vista de uno de los personajes, normalmente el protagonista, y la historia ocurre por lo general en primera persona y la subjetividad de las opiniones e impresiones es notable;

- **punto de vista externo** aparece cuando el narrador es un mero espectador de lo que sucede y el asunto se revela al tiempo que su desarrollo.

En este punto, uno podría preguntarse: ¿Qué tono utilizar? ¿Grave (serio), humorístico, irónico, irreverente, romántico, injurioso, patético, persuasivo?

La respuesta está en lo que queramos transmitir al lector, recordando que, sea el que sea el texto que estemos escribiendo, para que sea interesante y pueda ser leído hasta el final, debe poseer los siguientes rasgos: excepcionalidad, verosimilitud, credibilidad. También debe aparecer de algún modo estratificado, ser universal y permitir un cierto crecimiento cognoscitivo.

Además de la discusión de un texto desde el punto de vista del narrador, hay otra forma posible de expresión, sobre el lenguaje utilizado en un determinado contexto narrativo por varios personajes diferentes entre sí.

La **polifonía narrativa** basada en el lenguaje individual de los personajes puede consistir en el dialecto utilizado según su región de origen o incluso de un idioma diferente, también en lo brillante de la expresión en lugar de un habla descuidada e inculta, según la pertenencia a una clase propia de un personaje particular, o alguna forma de lenguaje subliminal usado por el oficio o profesión de un personaje. La polifonía puede referirse también a la clase de lenguaje usado según el tema o género literario que se trate. Habrá, pues, tantos lenguajes como los diversos matices de expresión (irónico, dramático, humorístico, cortesano, etc.).

EJERCICIOS

Ejercicio 1

La propuesta para este ejercicio es un experimento narrativo que sirva para la reinterpretación de un texto clásico, variando el punto de vista de la protagonista o el punto de vista del narrador en sí mismo. Se podrán elegir personajes de obras famosas como, por ejemplo, don Quijote y Dulcinea, de Cervantes; Hamlet y Ofelia, de Shakespeare; don Juan y doña Inés, de Zorrilla... o también de novelas de cualquier época y nación, de novelas negras, fábulas o cuentos clásicos.

Ofrezco dos ejemplos brevísimos del tipo de trabajo a desarrollar, tomando como pretexto, en este caso, el cuento de "Caperucita Roja":

Ejemplo 1: Inversión del punto de vista del narrador

Érase una vez una niña maleducada y caprichosa, que desobedecía a su mamá, hacía daño a la naturaleza y maltrataba a los animales...

...el pobre lobo sintió de pronto un gran dolor de barriga. La comida era muy abundante _y, si la carne de la anciana era filamentosa e indigesta, la de la pequeña no era mejor, grasa y azucarada llena por los muchos dulces de que se había alimentado._

Ejemplo 2: Inversión del punto de vista del protagonista (narrador neutro)

La anciana y pálida mujer se había ajustado el flequillo canoso y con gesto coqueto lo empujó bajo el cordón de la blanca cofia. Todo era blanco a su alrededor y fue, quizá, el contraste con el marrón del manto del vigoroso lobo que brilló un deseo loco y demente, pero oculto durante años. Apoyándose en la mesita de noche, se alzó un poco con la espalda en la almohada para aparecer más atractiva a los ardientes ojos del joven invitado. Así, con voz coqueta, comenzó a cortejarlo: «¡Qué ojos tan grandes tienes! ¡Y qué piernas tan atléticas! Y qué sonrisa tan arrebatadora...»

En verdad la anciana hubiera deseado que el hermoso lobo le saltase encima y justo eso fue lo que sucedió: ¡tuvo su respuesta!

Obviamente el tipo de texto elegido y la intención que se quiera dar al punto de vista cambiado, orientará también el género y este, a su vez, el tono y el estilo, siendo la elección del género determinante para concebir la estructura de la narración.

El tratamiento narrativo podrá presentar un punto de vista exterior o interior por uno de los personajes de la historia, dando subjetividad considerable de juicio para el tono y las intenciones.

Pero, ¿qué tono usar? ¿Serio, irónico, irreverente, romántico, insultante, patético o persuasivo?

La respuesta está en lo que se quiera transmitir al lector, recordando que cualquier texto que está escribiendo, deberá ser excepcional pero verosímil con lo narrado. Es importante elegir un lenguaje claro y ágil a fin de dejar al lector la interpretación personal del hecho narrado. El autor, siempre que pueda, debe describir pero no comentar.

Una forma de suscitar sentimientos en quien lee es crear metáforas y símiles. Los detalles darán dinamismo a la historia y caracterizarán a los personajes.

Ejercicio 2

Es una declinante tarde de finales de verano y la cafetería de la calle principal del pueblo está abarrotada de gente: hay dos viejos amigos

_tomando té al limón y comiendo pastelitos; está
el niño con los labios llenos de helado, sentado
entre sus complacidos padres; hay dos novios
que están sentados uno frente al otro con los
brazos alargados sobre la mesa para cogerse la
mano; hay un montón de amigos, uno bebe
cerveza, otro Coca–Cola, bromean y hablan de
las chicas que pasean por la calle; sentadas en
una pequeña mesa a parte hay un grupo de tres
jóvenes, ocultas tras altas jarras de granizados,
mirando al grupo de chicos y criticándolos,
quizá una está enamorada de alguno de ellos;
una rubia extranjera, objeto de miradas furtivas
de hombres y mujeres, se sienta cruzando sus
largas piernas; el camarero, alto y delgado con
un chaleco negro un poco gastado y una
temblorosa bandeja de bebidas, va serpenteando
entre los clientes; en la lejanía, el párroco se
detiene a saludar al médico y le invita a tomar
un aperitivo; etc. etc._

Descríbase, a continuación, un cuadro (el
anterior es un ejemplo) de la vida de pueblo con
todos los detalles posibles, que pueda ser la
escena de inicio de un cuento breve, en que se
produzca un asalto a una señora frente a una
multitud heterogénea de personas y donde, una
vez llega la policía, cada persona presente pueda
narrar su propia versión de lo sucedido. Esto
permitirá usar múltiples lenguajes conforme al
hablante y, al mismo tiempo, dará lugar a una

caracterización de cada personaje (uso de detalles como tics, gestos, vestidos, voz, rasgos físicos, personalidad, cultura, psicología, etc.).

¿La relativización de lo narrado llevará las investigaciones a un callejón sin salida? ¿O bien la polifonía narrativa, aunque multiforme en su explicación, puede ser considerada como objetiva?

¡Al narrador le queda la decisión! (mínimo seis folios o cuartillas...)

Ejercicio 3

Encontrar cinco palabras polisémicas y escribir con cada una de ellas un microcuento (100 palabras) que abarque/n los diversos significados de la palabra.

La polisemia es la propiedad de una palabra que presenta una pluralidad de significados. Ej: campaña (militar, agrícola, publicitaria) pero hay otras muchas como cortés, cuarto, talento, afición, misterio, historia, paso, etc.

LECCIÓN 9

Humorismo en la narrativa, lo cómico,

la metáfora y la alegoría

Erróneamente se considera a la risa como una emoción del alma. De hecho, la risa se suscita a nivel intelectual por una situación conflictiva o algo inesperado que subvierte el ritmo del devenir habitual. Así, el humor es la capacidad de proponer la comicidad en el arte de la escritura.

Para entender lo que de humorístico se puede encontrar en una situación narrada no hay reglas a tener en cuenta pero se necesita tener espíritu crítico y un poco de malicia irreverente. En suma, se podrá manifestar esta habilidad sólo si se está dispuesto a dejar aparte cualquier escrúpulo en lo tocante a las reglas.

¿Por qué nos reímos? ¿Cuándo se ríe? ¿De qué se ríe? ¿Por qué algunos se ríen de cosas que a otros no les hacen reír y viceversa?

No hay una respuesta única, porque las causas de la risa son variadas, propias de la cultura y de la psicología personales y del periodo histórico y la economía de la sociedad a la que se pertenece. A lo largo de la historia de la literatura se produjeron infinitos textos de tono humorístico que, desde la antigüedad hasta hoy, han tratado sobre múltiples temas. Autores de todo tiempo nos brindaron una amplia producción literaria, sea en verso o en prosa, del teatro a la poesía satírica, de la épica a la filosofía, de la novela a la producción de cabaret. Todos ellos aspectos que no serán tratados en la corta trayectoria del presente curso de escritura creativa, pero que cada uno podrá investigar individualmente, encontrando que el humorismo varió en el curso histórico de la literatura de un modo paralelo al cambio de la sociedad que lo produjo.

Esencialmente nos reímos por un suceso inesperado que interrumpe de forma abrupta cualquier equilibrio preexistente, degenerando en lo paradójico.

El aspecto divertido de cualquier cosa se puede percibir, expresar y representar evidenciando los hechos más curiosos e incongruentes de la realidad, que de ese modo generan la risa y la sonrisa.

El desequilibrio que se determina en un contexto lineal da lugar a la evidencia de lo contrario, que fluye en la comicidad de la situación y en el momento del **humorismo**.

Pero, ¿por qué nos reímos? Nos reímos porque nos situamos en relación con otros individuos, o en sociedad, empatizamos con ella, amamos y respetamos sus normas y, por tanto, cada situación, que no sea dañina pero esencialmente de ruptura, que genera una alteración paradójica de sus reglas nos mueve a risa.

Y es por eso que **el humorismo excluye la mofa**, que debe considerarse divertimento antisocial, o la sátira, que nace del resentimiento moral y se expresa con espíritu hostil.

La **sátira** a menudo se convierte en caricatura de denuncia. El ataque se dirige generalmente a los políticos o a los poderosos, a la religión, a las tradiciones en rápido cambio.

Esta se caracteriza por un tono coloquial y cordial, sazonado por lo corrosivo y refinado y puede expresarse con referencias al lenguaje literario o al lenguaje común.

La **ironía** es, sin embargo, otro aspecto expresivo y comunicativo que se manifiesta como una actitud que implica decir lo contrario de lo que se piensa. El discurso irónico es difícil de construir, por cuanto requiere un alto dominio de la lengua y de los conceptos.

En realidad, al hacer una ironía, es como si se estuviese hablando de una cosa pero aludiendo a otra distinta.

El propósito de la expresión irónica es poner de relieve una situación de conflicto, haciendo que entren en crisis las certezas del interlocutor o excluyéndolo de la conversación.

Una curiosidad...

En la antigua Roma, el bufón, es decir, uno al que se le pagaba para que hiciera reír, era llamado _scurrilis_, su comicidad era tan gruesa y vulgar que podía hacer reír en una sociedad aún bastante ruda en sus costumbres, como era aquella romana, pero hoy la "escurrilidad" no es sino otro aspecto presente en los chistes más vulgares y triviales.

El humor, la sátira y la ironía a menudo recurren a fórmulas de expresión retóricas, sintácticas y métricas, de las cuales sigue una larga lista donde se comentan y ejemplifican.

LISTADO DE FIGURAS RETÓRICAS

Acumulación o enumeración, figura retórica de tipo sintáctico que consiste en alinear términos lingüísticos de modo ordenado y progresivo, o de modo desordenado y sin estructura (enumeración caótica). Tal revisión rápida de objetos, cualidades, sujetos puede ser hecha en forma de asíndeton o polisíndeton.

Ejemplo:

En polvo, en humo, en aire, en sombra, en nada.
[Luis de Góngora].

Acróstico, artificio poético por el cual en un poema las letras iniciales de cada verso forman una palabra o un complejo léxico de más amplias proporciones.

Ejemplo (acróstico de SOL):

Suenan las campanas
O solo son mis oídos
Los que me engañan

Adunaton (del griego "cosa imposible"), figura retórica mediante la cual se declara posible la realización de un hecho, siempre que antes se verifique otra considerada imposible o absurda.

Ejemplo:

Uno puede esperar un acuerdo entre los filósofos más pronto que entre los relojes.
[Séneca].

Aféresis (del griego "quitar, restar"), cambio de palabra con caída de letra o sílaba al principio del vocablo que sea.

Ejemplos: "amá", por "mamá", "bus", por "autobús", etc.

Alegoría (para Aristóteles, metáfora continuada), se distingue de la metáfora en que se puede prolongar a lo largo de una entera composición literaria.

Ejemplo:

Nuestras vidas son los ríos
Que van a dar en la mar...
Allí van los señoríos
Allí los ríos caudales
Allí los otros medianos...
[Jorge Manrique]

Aliteración, fenómeno por el cual una palabra, frase o verso se caracterizan por la frecuencia con la que aparece en ellos un mismo sonido o un grupo de sonidos similares.

Ejemplos:

El **r**uido con que **r**ueda la **r**onca tempestad...,
[José Zorrilla].

Con el **a**la a**l**eve del **l**eve abanico
[Rubén Darío].

Alusión, figura retórica que consiste en decir una cosa con intención de hacer entender otra. En el uso hablado se entiende como referencia a algo que el oyente sabe pero no se quiere nombrar.

Ejemplos:

Era del año la estación florida
en que **el mentido robador de Europa**... (es decir, Zeus)
    [Luis de Góngora]

Y cuando llegue el día del último viaje,
y esté al partir **la nave que nunca ha de**
**tornar**... (es decir, la muerte)
    [Antonio Machado]

Anacoluto (del griego "que no sigue"), consiste en romper el funcionamiento de una oración, por el que la segunda parte no está conectada de modo sintácticamente correcto con la primera. Se usa en literatura para caracterizar los modos expresivos de los personajes.

Ejemplo: _Llegué por Príncipe Pío, me voy por Príncipe Pío. Llegué solo, me voy solo. Llegué sin dinero, me voy sin dinero._
    [Luis Martín Santos]

Anadiplosis (del griego "duplicación"), procedimiento estilístico que consiste en señalar una parte del enunciado con la repetición de las mismas palabras.

Ejemplo: _Ideas sin palabras / palabras sin sentido._

Anáfora (del griego "repetir"), proceso sintáctico por el que se produce la repetición de una o varias palabras al comienzo de un periodo, frases o versos sucesivos.

Ejemplo:

> _¿Soledad, y está el pájaro en el árbol,_
> _soledad, y está el agua en las orillas,_
> _soledad, y está el viento con la nube,_
> _soledad, y está el mundo con nosotros,_
> _soledad, y estás tú conmigo solos?_
> [Juan Ramón Jiménez]

Anagrama (del griego "invertir letras"), es la inversión de letras de una palabra o frase, para obtener otras palabras o frases con significado diferente.

Ejemplos: _Adán = Nada; Amor = Roma; Itsmo de Panamá = Tío Sam me da pan._

Anástrofe (del griego "invertir"), procedimiento sintáctico del proceso por el que se invierte el orden habitual de las palabras.

Ejemplo:

Ninguno no debe usar ni querer de mujeres amor.
[Alfonso Martínez de Toledo]

Anfibología o equívoco (del griego "discurso ambiguo"), constructo sintáctico en que existe un ambivalencia, de modo que el enunciado pueda prestarse a múltiples interpretaciones.

Ejemplo:

Salió de la cárcel con tanta honra, que le acompañaron doscientos cardenales, sino que a ninguno llamaban señoría.
[Francisco de Quevedo]

Anticlímax, figura retórica que consiste en una gradación descendente de palabras o conceptos por lo que se refiere a su intensidad y su ritmo narrativo. Es lo opuesto al clímax.

Ejemplo:

Y en este monte y líquida laguna,
para decir verdad como hombre honrado,
jamás me sucedió cosa ninguna.
[Lope de Vega]

Antífrasis o ironía (del griego "decir en contra"), figura retórica que contrasta el uso de frases o palabras en sentido contrario a su significado.

Ejemplo:

Comieron una comida eterna, sin principio ni fin, [Francisco de Quevedo] Ingeniosa ironía en la que da a entender que no comieron nada.

Antítesis (del griego para "posición inversa"), consiste en la contraposición de dos frases de tal forma que de su contraste resulte lo que se quiere decir.

Ejemplo:

A florecer las rosas madrugaron,
y para **envejecerse florecieron**:
cuna _y **sepulcro** en un botón hallaron._
[Pedro Calderón de la Barca]

Antonimia (del griego para "cambio de nombres"), supone el uso de un término en oposición a su contrario.

Ejemplo:

Es tan **corto** el amor
y tan **largo** el olvido.

[Pablo Neruda]

Antonomasia (del griego "atribución de otro nombre"), forma de traslación, consiste en la sustitución de nombre propio a sustantivo común y viceversa.

Ejemplos: _La ciudad eterna_ (Roma); _La Voz_ (Frank Sinatra).

Apóstrofe, procedimiento estilístico por el que se apela a un personaje o a cualquier cosa que esté personificada por atribuirle un juicio.

Ejemplo:

Navega, **velero mío**,
sin temor
que ni enemigo navío,
ni tormenta, ni bonanza
tu rumbo a torcer alcanza,
ni a sujetar tu valor.

[José de Espronceda]

Arcaísmo, forma de la lengua que no ya aparece en la lengua hablada pero que se utiliza por razones estilísticas.

Ejemplos: _Yantar_ (Comer); _Truje_ (Traje, del verbo traer); _Cuasi_ (Casi); _Fierro_ (Hierro).

Asíndeton, enumeración sintáctica de muchas palabras o frases sin utilizar conjunciones.

Ejemplo:

Acude, corre, vuela
traspasa la alta sierra, ocupa el llano,
no perdones la espuela,
no des paz a la mano,
menea fulminando el hierro insano.

[Fray Luis de León]

Asonancia, figura morfológica semejante a la rima, se produce entre dos palabras que muestran una parcial coincidencia de sonidos en sus sílabas que pueden tener vocales iguales pero diferentes consonantes.

Ejemplo:

Por donde quiera que fui,
La razón atropellé,
La virtud escarnecí
A la justicia burlé...
[José Zorrilla]

Braquilogía (del griego "breve discurso"), procedimiento usado para volver más concisa la expresión y consistente en sobrentender algunos términos ya utilizados en la oración.

Ejemplo: *Si no nos vemos, que haya suerte.*
Es decir: Si no nos vemos, **os deseamos** que
haya suerte.

Captatio benevolentiae (del latín "captación
de la benevolencia"), tópico situado
generalmente al inicio de una composición, que
consiste en llamar la atención de quien escucha o
lee para que se tenga una actitud benevolente a
cuanto se va a decir.

Ejemplo: *Desocupado lector: sin juramento
me podrás creer que quisiera que este libro,
como hijo del entendimiento, fuera el más
hermoso, el más gallardo y más discreto que
pudiera imaginarse. Pero, no he podido yo
contravenir al orden de naturaleza; que en ella
cada cosa engendra su semejante.* [Miguel de
Cervantes]

Catacresis (del griego "abuso"), figura del
discurso que consiste en extender una palabra o
frase más allá de su significado. Como metáfora
se ha convertido en parte del lenguaje cotidiano.

Ejemplos: *Boca de riego; Brazo del sillón;
Hoja de la espada.*

Cláusula, en la métrica clásica indica el final de una oración o un verso. Hoy es el elemento final de un discurso o de un escrito.

Ejemplo:

Cuanto tengo confieso yo deberos;
por vos nací, por vos tengo la vida,
por vos he de morir, y por vos muero.

[Garcilaso de la Vega]

Clímax (del griego "ascenso"), figura retórica también conocida como gradación, por la que se disponen en orden de intensidad los términos de una oración. Si tienen significado gradualmente más fuerte y eficaz, se llama ascendente. El clímax descendente se llama anticlímax.

Ejemplo:

*Mal te perdonarán a ti las **horas**,*
*las **horas** que limando están los **días**,*
*los **días** que royendo están los **años**.*

[Luis de Góngora]

Comparación, figura retórica, también conocida como símil, que intenta establecer una relación por la semejanza entre dos términos, bien sea de superioridad o de inferioridad.

Ejemplo:

Murmullo que en el alma
se eleva y va creciendo,
como volcán _que sordo_
anuncia que va a arder.

[Gustavo Adolfo Bécquer]

Corroboratio, o corroboración, fórmula contenida en documentos medievales que les otorga autenticidad.

Dialectalismo, palabra de expresión dialectal que pasó a formar parte de la lengua nacional y, de forma ocasional, también ha sido usada por algunos poetas.

Ejemplo:

¿**Ondi jueron** los tiempos aquellos,
que **pue** que no **güelvan**,
cuando yo **jui presona** leía
que **jizu** comedias
y aleluyas también y **cantaris**
**pa** cantalos en una vigüela?

[José María Gabriel y Galán]

Dialefa (del griego "dejar un espacio"), figura retórica similar al hiato, que se produce entre dos vocales consecutivas, al principio y final de dos palabras seguidas, y se computa como dos sílabas distintas.

Ejemplo:

Con un manso **rüido**
d'agua corriente y clara
cerca el Danubio una isla que pudiera
ser lugar escogido
para que descansara
quien, como estó yo agora, no estuviera.

[Garcilaso de la Vega]

Ditología (del griego "repetición de palabras") forma retórica que se obtiene al acoplar dos palabras diferentes en forma y significado pero teniendo el mismo origen, generalmente unidas por una conjunción.

Ejemplo: _¿Con qué **palabras** contaré esta tan espantosa hazaña... o con qué **razones** la haré creíble a los siglos venideros...?_

[Miguel de Cervantes]

Elipsis (del griego "omisión"), figura sintáctica por la que se omite una palabra dentro de una oración, sin comprometer el sentido de la frase misma.

Ejemplo:

Por una mirada, un mundo;
por una sonrisa, un cielo;
por un beso. . . ¡yo no sé
qué te **diera** por un beso!

[Gustavo Adolfo Bécquer]

Enálage (del griego "cambio en dirección opuesta"), forma gramatical que consiste en el uso de una categoría gramatical distinta de la que se debe utilizar regularmente.

Ejemplo: _Soy un **fue**, y un **será**, y un **es** cansado._ [Francisco de Quevedo] Los verbos fue, será y es se usan aquí como sustantivos en función sintáctica de atributo.

Encabalgamiento, figura retórica que indica la no coincidencia desde el final del verso con la conclusión lógica de la frase o del período, que se extiende al siguiente verso, resultando diferentes las pausas métricas y sintácticas.

Ejemplo:

Una tarde parda y fría
**de invierno**. Los colegiales

estudian. *Monotonía*
de la lluvia en los cristales.

[Antonio Machado]

Endíadis (del griego para "una cosa por medio de dos"), figura retórica que expresa un solo concepto con dos términos, que generalmente refuerzan el sentido.

Ejemplo:

Discreta *y* ***casta*** *Luna,*
copudos *y* ***altos*** *olmos.*

[Gustavo Adolfo Bécquer]

Énfasis (del griego "exponer, exhibir"), figura del discurso que consiste en resaltar una palabra, una frase.

Ejemplo: ***De sus ojos*** *tan fuertemente* ***llorando***. [*Cantar de Mío Cid*]

Enumeración, figura del discurso que consiste en sumar palabras en forma de lista de varias clases, coordinándola mediante conjunciones.

Ejemplo:

¿De qué sirve sembrar locos amores,
si viene un desengaño que se lleva
árboles, ramas, hojas, fruto y flores?

[Lope de Vega]

Epanadiplosis o inclusión (del griego "redoblar"), figura retórica en la que se repite la misma palabra al principio y al final de un verso o de una prosa.

Ejemplo:

Verde *que te quiero* **verde.**
Verde viento. Verdes ramas.
El barco sobre la mar
y el caballo en la montaña.

[Federico García Lorca]

Epanalepsis o geminación (del griego "retomar"), figura de construcción por la que se retoman una o más palabras dentro de una oración o un verso en cualquier punto del enunciado.

Ejemplo:

Vuelta, vuelta, *mi señora,*
que una cosa se me olvida.

[*Romancero viejo*]

113

Epifonema (del griego "exclamar"), figura lógica que consiste en concluir un discurso con una frase exclamativa, a menudo enfática.

Ejemplo:

Porque ese cielo azul que todos vemos
*ni es cielo ni es azul. **¡Lástima grande***
que no sea verdad tanta belleza!

[Lupercio Leonardo de Argensola]

Epífrasis, figura retórica que consiste en añadir una o más palabras que amplifican o corrigen lo que se ha dicho anteriormente.

Ejemplo:

Con dolorido cuidado,
degrado, pena y dolor,
*parto yo, triste **amador**,*
***d'amores**, que d'amor.*

[Jorge Manrique]

Epíteto, en el lenguaje retórico indica un adjetivo, a veces innecesario, usado para embellecer un sustantivo.

Ejemplo:

*Por ti la **verde** hierba, el **fresco** viento*
*el **blanco** lirio y **colorada** rosa*

y dulce primavera me agradaba...

[Garcilaso de la Vega]

Estilema, trazo característico, distintivo del estilo de un escritor, de una escuela o de una época literaria.

Eufemismo (del griego "decir bien"), figura retórica que consiste en atenuar expresiones que podrían resultar desagradables o inconvenientes en determinado contexto cultural, moral o social.

Ejemplos: _Le señaló la puerta_ = por echarlo de casa; _Pasó a mejor vida_ = por morir.

Excursus (del latín "alargarse"), digresión deseada por quien escribe o narra para anticipar o aclarar algo a que lo que uno se refiere. También se usa para aclarar la psicología de un personaje o a divagar. El flashback es una suerte de _excursus_ o digresión.

Figura etimológica o anominación, figura que consiste en usar un término varias veces en la misma frase de forma gramaticalmente variada.

Ejemplo:

Si por **pensar** enojaros
**pensase** no aborreceros,
**pensaría** en no quereros
por no **pensar** desamaros;
más **pensando** en mi tormento,
sin **pensar** por dónde vo,
**pienso** que mi **pensamiento**
no **piensa** que **pienso** yo.

[Francisco López de Villalobos]

Gnome o gnómico (del griego "sentencia"), opinión o máxima de tono moralizador expresada de forma concisa para facilitar su memorización.

Ejemplo: _Los refranes son sentencias breves, sacadas de la experiencia y especulación de nuestros antiguos sabios._

[Miguel de Cervantes]

Hapax legomenon (del griego, "una sola vez"), dicho o palabra que se encuentra una sola vez en un escrito o en el conjunto de obras de un autor.

Ejemplos: _Golem_, palabra que solamente aparece una vez en la Biblia [_Salmos_, 139: 16];

Honorificabilitudinitatibus, palabra inventada por Shakespeare, o *Ptyx*, usada por Mallarmé.

Hiato, encuentro en una palabra o en dos palabras –una al final y otra al inicio– de dos vocales que se pronuncian por separado.

Ejemplo: *No sabe qué es amor quien no te ama.*

[Vicente Gaos]

Hipálage, diferentes de la enálage (del griego "sustitución"), figura gramatical que invierte la atribución de las palabras en una oración.

Ejemplo: *La noche está estrellada,y **tiritan, azules, los astros**, a lo lejos.*

[Pablo Neruda]

Hipérbaton (del griego "transposición"), figura sintáctica por la que se invierte el orden lógico de las palabras en una oración.

Ejemplo:

*Del salón en el ángulo oscuro,
de su dueña tal vez olvidada,
silenciosa y cubierta de polvo,
veíase el arpa.*

[Gustavo Adolfo Bécquer]

Hipérbole (del griego "exageración"), figura del discurso que exagera o altera una afirmación con el fin de obtener mayor efecto.

Ejemplo:

Tanto dolor se agrupa en mi costado,
que por doler me duele hasta el aliento.
[Miguel Hernández]

Hipóstasis (del griego "bajo acuerdo"), consiste en organizar las frases a través de relaciones de subordinación dentro del período. La hipóstasis es lo contrario de la parataxis y a la coordinación.

Hipotiposis (del griego "bosquejo"), figura retórica por la cual se describen lugares, personajes u objetos con gran vivacidad y concreción de imágenes.

Ejemplo:

Poco a poco voy mostrándote el lugar
pondremos las persianas y el sofá,
y un candelabro antiguo aquí,
un cesto de flores en medio del zaguán.

[Ricardo Montaner]

Homeoteleuton o similidesinencia (del griego "similar fin"), figura de expresión que combina dos palabras que terminan con la misma sílaba.

Ejemplo:

Ruega generoso, piadoso, orgulloso.

[Rubén Darío]

Interrogación retórica, pregunta cuyo fin no es obtener una respuesta sino afirmar o negar algo, como pidiendo consentimiento a quien oye o lee.

Ejemplo:

¿Por qué este inquieto, abrasador deseo?
¿Por qué este sentimiento extraño y vago,
que yo mismo conozco un devaneo,
y busco aún su seductor halago?

[José de Espronceda]

Juego de palabras, a menudo se consigue mediante la unión de palabras que son fonéticamente similares pero semánticamente diferentes.

Ejemplo:

Entre el clavel y la rosa,

*su majestad **escoja**.* ("Escoja", del verbo escoger, y "es coja").

[Francisco de Quevedo]

Litote o lítotes, figura retórica que consiste en expresar un concepto negando su contrario.

Ejemplos: *No poco* (= Mucho); *No está muy lejos* (= Está cerca).

Ni un seductor Mañara,
Ni un Bradomín he sido...

[Antonio Machado]

Metáfora (del griego "traslación"), figura retórica que transpone en parábola el significado de otra frase, para dar más evidencia a un concepto abstracto. Tiene mucho del símil.

Ejemplo: *Su nombre es Dulcinea... sus cabellos son oro, su frente campos elíseos, sus cejas arcos de cielo, sus ojos soles, sus mejillas rosas, sus labios corales, perlas sus dientes, alabastro su cuello, mármol su pecho, marfil sus manos...*

[Miguel de Cervantes]

Metátesis (del griego "transposición"), consiste en la transposición de las letras dentro de una misma palabra.

Ejemplos: *Estógamo* (por estómago); *Murciégalo* (por murciélago); *Periglo* (por peligro).

Metonimia (del griego "cambio de nombre"), consiste en el intercambio de palabras entre una palabra con otra con la que presenta una relación de contigüidad.

Ejemplos: *Un Picasso* (un cuadro de Picasso); *Un Rioja* (un vino de Rioja).

Neologismo (del griego "palabra nueva"), palabra o locución de nueva formación, tanto si se deriva de una palabra ya existente como de una palabra extranjera.

Ejemplos: *Disfruta de su **confort*** (comodidad); *A la fiesta vino un **clown*** (un payaso).

Onomatopeya (del griego "hacer nombre"), figura del discurso mediante el cual se intenta reproducir una impresión sonora, imitando sonidos naturales o artificiales.

Ejemplo:

En el silencio sólo se escuchaba un susurro de abejas que sonaba. [Garcilaso de la Vega] La repetición del sonido –s– imita el zumbido de las abejas.

Oxímoron (del griego "contradicción en los términos"), figura que combina dos términos que resultan aparentemente opuestos, para aumentar el efecto expresivo.

Ejemplo:

En la figura que se llama oxímoron, se aplica a una palabra un epíteto que parece contradecirla; así los gnósticos hablaron de una **luz oscura***; los alquimistas, de un* **sol negro***.* [Jorge Luis Borges]

Parataxis (del griego "disposición cercana"), proceso por el que se combinan las proposiciones de un período por una relación de coordinación. Se opone a la hipóstasis y a la coordinación.

Ejemplo:

Yo a los palacios subí,
yo a a las cabañas bajé,
y los claustros escalé,

y en todas partes dejé
memoria amarga de mí.

[José Zorrilla]

Pastiche, mezcolanza y presencia de léxico expresivo diverso en un mismo texto (vocabulario técnico, jergas, neologismos, arcaísmos, términos áulicos o aristocráticos).

Paráfrasis (del griego "frase cercana"), trascripción de un texto usando palabras diferentes con el propósito de facilitar la comprensión de su contenido.

Ejemplo: *Más vale tarde que nunca.* Paráfrasis: muchas veces es mejor que hagamos las cosas por nosotros mismos, antes que no concluirlas nunca.

Paronomasia (del griego "denominación siguiente"), figura del discurso que consiste en acercar dos palabras con sonidos similares pero de diferentes significados.

Ejemplo: *El **erizo** se **eriza**, se **riza** de **risa**.*
[Octavio Paz]

Perífrasis (del griego "hablar alrededor"), figura retórica que consiste en sustituir un término por una secuencia de palabras que tienen el mismo significado.

Ejemplos: *El techo del mundo* (Everest); *El rey de la selva* (El león).

Personificación o prosopopeya, figura retórica que consiste en atribuir cualidades y acciones humanas a una idea abstracta, a un animal o a una cosa.

Ejemplo: *La ciudad era rosa y **sonreía** dulcemente. Todas **las casas tenían vueltos sus ojos** al crepúsculo. Sus caras eran crudas, sin pinturas ni afeites. **Pestañeaban los aleros.** **Apoyaban sus barbillas** las unas en los hombros de las otras, escalonándose como una estantería. **Alguna cerraba sus ojos para dormir** y se quedaba con la luz en el rostro y una sonrisa a flor de labios.*

[Rafael Sánchez Ferlosio]

Pleonasmo (del griego "sobreabundar"), uso redundante de una o más palabras en la expresión de un concepto.

Ejemplos: *Persona humana*; Bajar abajo; *Salir afuera*; *Lo vio con sus propios ojos*.

Políptoton (del griegos "que se repite con frecuencia"), figura sintáctica por la que la misma palabra se repite varias veces en diferentes formas y funciones gramaticales.

Ejemplo:

*¡Vive Dios, que la he de **ver**!*
***Veréis** la mayor belleza*
*que los ojos del rey **ven**.*

[Tirso de Molina]

Polisemia (del griego "muchos signos"), propiedad de una palabra de poseer pluralidad de significados.

Ejemplos: *Cabeza*; *Cabo;* *Cresta;* *Gato;* *Sierra...*

Polisíndeton (del griego "que une mucho"), figura sintáctica consistente en la repetición de la conjunción ante cada elemento, frase o palabra que se desee coordinar. Se opone al asíndeton.

Ejemplo: *Oigo son de armas y de carros y de voces y timbales... ¿no divisas un fulgor de infantes y caballos y polvo y humo y fulgurar de acero?*

[Giacomo Leopardi]

Preterición (del latín "pasar adelante"), figura del discurso por la que no se quiere comunicar algo que, de hecho, ya se está diciendo o haciendo intuir.

Ejemplo: *Finalmente llegó a Asia, pero no veo razón para rememorar los festines de día y noche, ni los caballos y obsequios que lo recibieron.*

[Cicerón]

Prolepsis (del griego "anticipar"), figura de construcción por la que se anticipa un elemento de la oración respecto al orden sintáctico que debería tener.

Ejemplo: *El día en que lo iban a matar, Santiago Nasar se levantó a las 5:30 de la mañana para esperar el buque en que llegaba el obispo.*

[Gabriel García Márquez]

Quiasmo (del griego "puesto en forma de corazón"), figura retórica que consiste en presentar dos o más palabras, conceptos o elementos sintácticos en sentido inverso al que fueron expuestas anteriormente.

Ejemplo:

Frutales	(sustantivo)
cargados,	(adjetivo)
dorados	(adjetivo)
trigales.	(sustantivo)

[Manuel Machado]

Reticencia, figura retórica por la que se interrumpe una frase, dejando entender al destinatario lo que sigue.

Ejemplo:

Por si acaso esas damas...
Las de las blondas y encajes...
Tal vez... si tú en tu delirio
De mi olvidado... No sabes,
Adán, de lo que es capaz
una mujer por vengarse.

[José de Espronceda]

Ritornello, estribillo, repetición de uno o más versos dentro de una composición poética.

Ejemplo:

Poderoso caballero
es don Dinero.

Madre, yo al oro me humillo;
él es mi amante y mi amado,
pues, de puro enamorado,
de continuo anda amarillo.
Que pues, doblón o sencillo,
hace todo cuanto quiero
poderoso caballero
es don Dinero.

[Francisco de Quevedo]

Símil, comparación, figura retórica que consiste en confrontar y comparar hechos, personas o imágenes de modo explícito.

Ejemplo:

Unos cuerpos son **como flores**
otros **como puñales**
otros **como cintas de agua**
pero todos, temprano o tarde,
serán quemaduras que en otro cuerpo se agranden
convirtiendo por virtud del fuego a una piedra en un hombre.

[Luis Cernuda]

Sinalefa, fenómeno fonético por el que se suprimen uno o más sonidos dentro de una sílaba en una palabra o en un verso.

Ejemplo:

Asi**a a u**n lado, **al** otr**o Eu**ropa
y allá **a** su frent**e E**stambul.

[José de Espronceda]

Sinécdoque (del griego "acoger juntos"), figura retórica que transfiere el significado de una frase o palabra a otra con la que tenga una relación de cantidad. Consiste en nombrar una parte por el todo.

Ejemplos: _Ganarse el pan_ (Ganarse la comida); _Tiene quince primaveras_ (Quince años).

Sinéresis (del griego "tomar junto"), consiste en considerar como una sola sílaba dos o tres vocales contiguas pertenecientes a la misma palabra pero que no forman diptongo o triptongo.

Ejemplo:

Es una noche de invierno.
Cae _la nieve en remolino._
Los Alvargonzález velan
un fuego casi extinguido.

[Antonio Machado]

Sinestesia (del griego "percibir a la vez"), figura del discurso que consiste en unir en una misma expresión palabras que se refieren a esferas sensoriales diferentes.

Ejemplo: _En el cénit azul, una **caricia rosa**._

[Juan Ramón Jiménez]

Sinonimia, identidad o semejanza de significado entre dos palabras.

Ejemplo:

Pérfidos, desleales, fementidos,
crueles, revoltosos y tiranos:
cobardes, codiciosos, malnacidos,
pertinaces, feroces y villanos;
adúlteros, infames, conocidos
por de industriosas, más cobardes manos.

[Miguel de Cervantes]

Sintagma, consiste en dos o más elementos gramaticales o léxicos que forman una unidad sintáctica dentro de una proposición.

Sístole, en métrica es el retraerse del acento tónico hacia el principio de la palabra por razones rítmicas.

Ejemplo:

Y ya, pues, desrama de tus nuevas fuentes
*en mí tu subsidio, **inmórtal** Apolo.*

[Juan de Mena]

Tmesis (del griego "cortar"), figura retórica que consiste en dividir en dos partes diferenciadas una palabra, insertando en medio otras palabras, o colocar al final de un verso parte de la palabra y poniendo al inicio de otro verso el resto.

Ejemplo:

*Y mientras **miserable–***
***mente** se están los otros abrasando,*
tendido yo a la sombra esté cantando.

[Fray Luis de León]

Topos o tópicos (del griego "lugar"), figura retórica en la que se observa la recuperación constante por parte de algunos autores o corrientes de pensamiento de determinados tiempos, imágenes o expresiones (lugares comunes).

Zeugma (del griego "lazo o yugo"), figura retórica que consiste en concordar entre

131

elementos que requeriría cada uno una construcción propia.

Ejemplo:

Frisaba la edad de nuestro hidalgo con los cincuenta años; **era** *de complexión recia, seco de carnes, enjuto de rostro, gran madrugador y amigo de la caza.*

[Miguel de Cervantes]

METÁFORA Y ALEGORÍA

A continuación de las figuras retóricas, para terminar esta lección examinaremos la metáfora en la expresión literaria y haremos un acercamiento a la alegoría.

Según el psicoanálisis, el pensamiento en imágenes tiene la facultad de mediar los aspectos sensibles y de la imaginación a los que son lógicos y racionales, por tanto, la metáfora es la forma de pensamiento mediante el cual se expresa el inconsciente.

El vocablo _metáfora_ (del griego μεταφορά, de _metaphérō_, trasladar, llevar adelante) es la figura retórica que transpone en parábola el sentido de una palabra, creando una imagen de fuerte carga expresiva y dando en tal modo una mayor evidencia a un concepto abstracto. La metáfora puede ser definida como una especie de imagen de semejanza y de pertenencia intuitiva, como una asociación de ideas. Cuanto mayor sea la diferencia semántica entre el término real y el término metafórico, tanto más expresiva será la metáfora.

El uso de la expresión metafórica es antiquísimo y, dada su notable capacidad sugestiva, fue usada con fines didascálicos y persuasivos. Ricos en metáforas fueron los grandes textos sagrados y mitológicos del pasado (el *Antiguo Testamento*, el *Corán*, el *Bhagavad Gita*...), las epopeyas griegas y latinas (*Ilíada, Odisea, Eneida*), etc. Actualmente es la poesía la que más utiliza la metáfora para expresar conceptos abstractos.

La alegoría (para Aristóteles, "metáfora continuada") es similar a la metáfora en su expresarse a través de imágenes pero se distingue de esta por extenderse a toda la obra literaria. La alegoría está habitualmente llena de significados ocultos que el lector debe ser capaz de interpretar.

En el pasado los símbolos del repertorio iconográfico artístico (y literario) tenían idéntico poder comunicativo del lenguaje convencional y esto estaba al alcance de las personas menos cultivadas, cosa que se perdió en los siglos XVII y XVIII, cuando los artistas lo vaciaron de sus valencias culturales, usándolos de modo mecánico, artificioso, y convirtiéndolos en iconos de orden didáctico, con el resultado de que se fue perdiendo el conocimiento de su significado profundo. Hoy tenemos la metáfora y la alegoría interpretativas, de mayor ventaja para la mente del hombre contemporáneo, llevado a la introspección profunda y esto gracias a una cultura más amplia y difundida.

EJERCICIOS

Ejercicio 1

Teniendo en cuenta que en la literatura es más fácil hacer llorar que reír, producir un texto de longitud libre, a gusto, en que se narre una situación de que genere comicidad narrativa.

Ejercicio 2

Escribir un texto narrativo, de longitud y tema libre, que se exprese esencialmente mediante metáforas.

LECCIÓN 10

Novela histórica, biografía, autobiografía,
epístola, diario

Nuestras vidas recorren la línea temporal, haciendo que nos alejemos irremediablemente de los momentos singulares que hemos pasado y ¿qué nos queda de lo vivido, si no el recuerdo?

Recordar es eso que puede definirse como una especie de viaje de la mente en el tiempo, pero no sólo: la memoria de lo que fue puede ser transmitida a través de la palabra escrita a la posteridad y a quien no hubiera estado presente en ese momento y en ese lugar determinado.

En esta lección se tomarán en consideración la ficción histórica, la biografía, la autobiografía, el diario y el epistolario, géneros literarios vinculados a la narración en el tiempo histórico.

La tarea de la historia es poner el foco en el concepto científico de investigación metodológica. Objeto de la historia son los hechos de los hombres. Estos se analizan mediante una reconstrucción del pasado, examinando su lengua, sociedad, economía, religión, psicología y sentimientos.

La investigación histórica, tanto para el ensayo como para la novela histórica y en consecuencia al tipo de enfoque realizado, puede recurrir a la microhistoria, si se basa en el análisis de la vida cotidiana de las personas, o a la macrohistoria, si se examinan grandes acontecimientos sociales.

En el presente curso de escritura creativa no se tratará el ensayo histórico, sino solo el relato y la novela histórica. En ellos se pueden rastrear los procesos de *inventio* y *argumentatio*, o sea, donde se aprecian la fantasía del autor y la demostración conceptual de lo narrado.

Característica de la novela (o relato) histórico es, por tanto, la de ambientar el hecho narrado en el tiempo pasado – no antes de que hayan transcurrido más de cincuenta años desde la actualidad – de modo original y personalizado.

Para ambientar en la historia cualquier relato de ficción, conviene profundizar e investigar lo más posible lo que se refiera al periodo elegido. Las fuentes deberán ser analizadas con escrúpulo científico, preferiblemente consultando varias, para obtener confirmación sobre todos los datos que se asumirán en la narración (constataciones factuales).

Es importante la capacidad del escritor de observar e imaginar, sobre la base de las referencias históricas, cuáles puedan haber sido los estados de ánimo de los personajes que vivieron en un determinado momento y lugar, teniendo presente que cada época posee una psicología cambiante basada en la filosofía, la ética y la moral del período considerado y que lo que puede tenerse como justo en un momento histórico, puede no serlo en otro.

Al escribir un relato o novela histórica es bueno tener en mente también el lenguaje expresivo del período de referencia. Basta considerar, por ejemplo, que hasta hace poco nuestros bisabuelos trataban de usted y no de tú, como nosotros, a los propios padres y así uno se puede hacer una idea de cuánto el lenguaje y el modo de relacionarse con otros pueden variar en el tiempo. Lo mismo vale de la psicología, mudable en una misma época según la clase social, la cultura y la preparación individual de los caracteres considerados.

Cuando se narra un relato histórico, se debe tener en cuenta también la variada geografía que durante siglos ha cambiado, sea por causas naturales como humanas. Por ejemplo, la Italia, que hoy vemos muy poblada y atravesada por una maraña de carreteras, estaba cubierta de florestas hasta la baja Edad Media. Y, también, diferentes eran la ropa, los materiales, las leyes civiles y religiosas, los alimentos, los entretenimientos...

Aún así, algo ha permanecido invariable durante siglos, algo universal: los sentimientos. El odio de antaño es nuestro mismo odio; el amor a los niños no se ha modificado; el enamoramiento entre dos amantes es el mismo, e igual ocurre para los celos, la tristeza, la alegría o la desesperación.

Un buen autor de una novela o relato histórico sabe que debe apostarlo todo a la **universalidad** del mensaje transmitido (sentimientos), a la **originalidad** del hecho narrado (creatividad artística y literaria) y a la **veracidad** de lo que expone (investigación histórica).

Los personajes que pueblan la narración de una novela histórica pueden ser de fantasía o pueden haber vivido realmente, pero sus historias siempre son narradas por la creatividad del autor.

Dentro de este género, que aquí no será analizado en su historia evolutiva, hay otros hilos como la novela épica, la caballeresca, de guerra, de ambientación en la antigüedad clásica e infinitas otras que reflejan las distintas épocas históricas ya transcurridas, cada uno con características aptas para ofrecer un mensaje diferente que transmita valores tradicionales como honestidad, honor, amor o bien valores revolucionarios, heroicos, de libertad o de condena social.

Y, después, cuando de un momento histórico determinado creemos que todo se ha dicho, he aquí que un escritor idea la posibilidad de revisionismo, o bien la puesta en discusión del dato histórico a la luz de nuevos conocimientos o métodos de la investigación, ambientando situaciones que puedan inducir al lector a una reflexión crítica de la historia misma.

La **biografía** se centra generalmente en la narración de la vida de un personaje célebre, con la finalidad de presentar un ejemplo de vida o testimonios que puedan ser motivo de instrucción.

La biografía se compone de varios elementos útiles para la reconstrucción histórica y ambiental de los hechos, como el estudio psicológico del personaje narrado, la búsqueda mediante testimonios directos e indirectos, correspondencia y documentos; y el examen de aspectos culturales, políticos y económicos del entorno y de la sociedad en que el personaje vivía.

Es buena práctica la de mencionar siempre las fuentes de las cuales se deriva el material de estudio y de consulta.

Cuando en una biografía prevalecen los aspectos narrativos, se trata de una **biografía novelada**.

Se trata de una **autobiografía** cuando el autor cuenta de forma veraz la historia de su propia vida, o un período relativo con cierto aspecto de ella, en cuyo caso la parte autobiográfica puede asumir la forma narrativa de novela, epistolario, confesión, diario, memoria.

El **diario**, nacido en la antigüedad con los _annales_ como primer modo historiográfico, es en esencia un registro de datos públicos y privados en orden cronológico.

La narración en forma de diario privado tiende a la interiorización de sí y a la introspección psicológica y moral, mientras el diario público puede revelarse aguda imagen de una época o de una sociedad, donde se tratan eventos mundanos y culturales, hechos políticos, testimonios históricos, de los cuales quien escribe fue testigo o protagonista.

El diario, casi autorreflexión, esencialmente se caracteriza por la estructura cronológica, el estilo coloquial y dialógico, y el sentimiento individual. A menudo el interlocutor del diario es ficticio, a diferencia de lo que sucede en el epistolario.

El epistolario presenta la correspondencia entre dos personajes, se trata del carteo entre escritores, artistas, filósofos o científicos. Generalmente constituyen ricas fuentes de información, expresadas en privado y confidenciales en la correspondencia personal.

Las epístolas pueden, en algunos casos, no ser un carteo de reciprocidad, ya que están escritas con la intención de ser publicadas. Tienen contenido moral, político, filosófico y generalmente están escritas con un lenguaje culto y literario.

EJERCICIOS

Escribir un relato ambientado en una época histórica, a su gusto, o bien, como alternativa, una página con una epístola de carácter moral y ético.

LECCIÓN 11

Introspección psicológica de los personajes

En un curso de escritura creativa, por muy breve que sea, no puede faltar el acercamiento a la introspección psicológica. Esta, más que en una trama articulada, se basa en un conflicto, en un hondo desarrollo de los personajes y la interacción entre ellos, con temas fuertemente emocionales. Un buen relato o novela psicológica permite experimentar al lector lo que son y cómo viven los personajes, dándole la sensación de identificarse con ellos.

El conflicto debe referirse a situaciones que el lector podría sentir como propias, por tanto conviene introducir en el relato situaciones angustiantes que ralenticen la trama y su desarrollo. De ahí surgirá por los aspectos intimistas y de profundización de las causas que se encuentran en la base de los comportamientos de los personajes, su interacción mutua, sus emociones y el desarrollo de su personalidad.

Poner en dificultades al protagonista (por causa propia o de otros) es un modo de crear tensión en el lector porque el lector se identifica con él. La dificultad (peligro) puede ser grande o pequeña, no importa, basta con saberla narrar bien, haciendo que la resolución de la misma pueda ser difícil de alcanzar. En un relato también pueden superponerse más situaciones de conflicto que se suman, creando de esa forma una fuerte tensión en el lector.

Lo que se somete a examen, por tanto, es el proceso mental que el protagonista, el antagonista u otros personajes viven en su psique, tratando de narrar desde un punto de vista interno, o haciendo de modo que el narrador sea el mismo protagonista. De esa manera, se describirá su mundo interior, sus emociones, su estado de ánimo, sus temores, sean conscientes o inconscientes. Todo eso puede ser transmitido mediante un monólogo-reflexión, casi una confesión autoanalítica y podrá hacerse preguntas a las que encontrará respuesta por sí mismo.

Del personaje se podrán reflejar pequeñas manías, fobias, complejos que en un clímax creciente muestren el curso de su psique que confluirá hacia la inevitable angustia. Estado psíquico que puede desembocar en la depresión, el desaliento, el rechazo a la vida o incluso la violencia destructiva de sí mismo y de los otros.

O también podrá haber un desarrollo – inesperado para el lector – que conduzca al protagonista para exponer una idea decisiva (positiva o negativa) que, pasando por todo el curso de experiencias vividas por él, de una situación de conflicto inicial negativa llegue a madurar una nueva idea, que puede convertirse en el concepto básico de la historia contada, la razón de su inserción.

Para la descripción de todo esto se puede servir de metáforas o dar a la obra entera el sentido de una gran alegoría de la vida en el bien y en el mal...

A fin de crear el ambiente adecuado para generar tensión, es necesario tener siempre presente que todo conflicto y todo personaje o situación representada siempre estén motivados y resulten lógicos para la trama, de lo contrario no habrá continuidad ni ningún equilibrio narrativo, con lo que nos arriesgaremos a fracasar como novelistas.

El riesgo, cuando se quiera incluir, deberá siempre amenazar y socavar al protagonista, de modo que su desenlace sea de algún modo liberador para quien lee.

El protagonista será más querido cuanto más sea conocido por el lector mediante los gestos, los pensamientos, los modos de actuar, de ser, de ponerse, de ocultarse, de relacionarse y de vivir; no ocultando sus pensamientos, sentimientos, esperanzas, miedos, deseos. Un detalle del protagonista en su manera de vestir, en su gestualidad puede decir más que mil palabras, como el maniático que al pasar por un corredor tenga el impulso de nivelar una foto torcida o el que se mordisquea el labio o las uñas o el que mira continuamente su reloj.

La verosimilitud del carácter de un personaje se puede obtener inspirándose en alguien que se conoce en la vida real.

Es importante recordar que incluso un personaje malvado puede presentar rasgos simpáticos y que puede ser gracioso, culto o hermoso.

En toda esta operación es muy importante recordar que a lo largo de la narración se debe llegar a una solución de los hechos. El desenlace puede ser un momento narrativo pero no puede ser todo el cuerpo del texto.

EJERCICIOS

Escribir una historia de la extensión que se desee sobre un protagonista cualquiera que realice una acción y luego se avergüence de ella. Las malas acciones, como también los fracasos, son siempre un buen pretexto para describir a un personaje.

Sugerencia

Las situaciones que generan vergüenza pueden ser de lo más variadas según el entorno social y la psicología de la época en que ocurren.

Recomendación

El texto deberá ser estrictamente fruto de la imaginación. Para este ejercicio no deben usarse anécdotas de la propia historia personal.

LECCIÓN 12

La escritura de una obra, el momento intuitivo

En la segunda lección del presente manual se trató sobre cómo nace la idea de escribir un texto, es decir, de la necesidad del escritor de comunicar a otros las propias impresiones o sentimientos.

Se tomará ahora en consideración la posibilidad de que un texto le sea expresamente encargado a un escritor por parte de un editor, productor u otro.

En este caso el proceso creativo de una obra se articulará siguiendo tres fases principales: tema asignado, sujeto, elaboración.

Imaginemos que un mecenas encargue una obra a un escritor. En ese caso el escritor deberá trabajar–crear la propia obra a partir de un tema asignado, que constituirá la espina dorsal del manuscrito sobre el que se orientarán sus elecciones narrativas. La clara formulación del tema y el respeto constante del mismo (¡nunca salirse del tema!) permitirán al escritor mantener la unidad y la lógica por entero en la obra.

Habitualmente el tema es simple, aunque resulta más articulada y compleja la elaboración.

No obstante, antes de proceder a la elaboración, se deberá estudiar una estructura que vehicule el contenido del asunto tratado.

Se pasará entonces a la elaboración de la trama en la cual deberán estar las líneas fundamentales de la acción, permitidas por las diversas características de los personajes, importantes por ser los mediadores de ideas y causa de desarrollo de la acción principal.

¿Todo se cifraría a la técnica? Así parece.

Pero escribir es un arte y, como todas las artes, la escritura creativa tiene su **momento intuitivo**, una iluminación particular que logra concretarse en una imagen a partir de la que habitualmente la obra se inicia. Podríamos definir tal intuición como metáfora del tema. Esa intuición será mejor cuanto mayores sean las posibilidades de desarrollo que nacerán durante la redacción.

Por ejemplo, en _Tiempo de silencio_, de Luis Martín Santos, el tema es la vida plana y tediosa de un médico que busca una cura para el cáncer, rodeado por una ciudad de Madrid pobre, sórdida y desangelada. El momento intuitivo, metáfora de esa situación, es la atmósfera aburrida y gris que envuelve al protagonista de la novela: _Fuera_ _de tantas preocupaciones, fuera del dinero que tenía que ganar, fuera de la mujer con la que me tenía que casar, fuera de la clientela que tenía que conquistar, fuera de los amigos que me tenían que estimar, fuera del placer que tenía que perseguir, fuera del alcohol que tenía que beber. Si estuvieras así. Manténte ahí. Ahí tienes que estar. Tengo que estar aquí, en esta altura, viendo cómo estoy solo, pero así, en lo alto, mejor que antes, más tranquilo, mucho más tranquilo. No caigas. No tengo que caer._ Sobre esta imagen se construye toda la armazón narrativa que involucra a varios personajes y a sus diferentes vidas dolorosas.

En otros casos la intuición aporta un conflicto, como si de ella se delinease algo que se desvela al improviso rompiendo algún esquema: **¿qué sucedería si...?**

Cuando basamos nuestra estructura narrativa sobre esa pregunta, pretendemos suscitar una respuesta espectacular que provoque algo insólito.

Hagamos referencia a la novela histórica y de aventuras _El capitán Alatriste_ con esta pregunta: ¿qué sucedería si el personaje de Diego Alatriste no hubiera salvado la vida a Álvaro de la Marca, conde de Guadalmedina?

Sin duda, la trama de la novela de Arturo Pérez Reverte, primera de la saga del Capitán

Alatriste, habría variado por completo sin ese episodio, de modo que tiene plena justificación a efectos narrativos.

Los interrogantes determinarán, en consecuencia, el género literario de la novela.

Ejemplos:

- ¿Qué sucedería si por cualquier causa el petróleo se terminase en todas partes de forma imprevista? (género catastrófico)
- ¿Qué sucedería si se encontrase un documento irrefutable sobre la no existencia de Jesús? (género ucrónico)
- ¿Qué sucedería si las sombras se separasen de los cuerpos? (género fantástico).

La pregunta que genera conflicto se puede formular también bajo la hipótesis de una especie de revisionismo histórico o filosófico de sucesos y hechos de nuestra sociedad, o bien reinterpretando un género. En este caso, para revisar un género, es necesario conocer a fondo sus _topoi_, sus clichés, las fórmulas dramáticas recurrentes.

Un ejemplo de esa clase nos lo brindó Cervantes en _Don Quijote_, convirtiendo en humorística e incluso dramática una novela de caballerías, donde el héroe es constantemente ridiculizado en todas sus paradójicas empresas y hazañas.

Estas operaciones pueden hacerse con cualquier tipo de género.

EJERCICIOS

Tema: *la soledad* (mínimo seis folios).

Buscar alguna metáfora de la soledad (oficio / lugar / objeto / otro), que sea pretexto para la construcción de la trama narrativa.

Por ejemplo, el oficio de guardia de un faro podría ser pretexto estructural para narrar la soledad existencial de un hombre.

LECCIÓN 13

Revisión editorial del texto, *editing*

En esta décimo tercera lección del curso de escritura se hace oportuno considerar dos aspectos que todo escritor debe conocer: la revisión editorial del texto y el editing, palabra inglesa también de uso corriente en el ámbito editorial.

Revisión editorial

La composición gráfica del texto tiene también su importancia para el lector, porque incita a la lectura y permite seguir mejor la obra propuesta, sin distracciones a causa de las imperfecciones del texto impreso.

¡Atención, por tanto, a las erratas y errores de escritura!

Espacios: entre una palabra y otra únicamente debe haber un solo espacio.

Coma, punto y coma, dos puntos, punto, los signos de interrogación y exclamación, comillas de cualquier tipo van siempre unidos a la palabra que les precede y deben ir separados por un espacio de la palabra que les sigue.

Cursiva

Van en cursiva los títulos de los libros, los artículos, obras en general, la palabras y expresiones extranjeras no usuales en la lengua propia y las palabras y expresiones sobre las que se quiere marcar una especial relevancia (se pueden poner también entre comillas).

Se usa la cursiva también para voces onomatopéyicas que imitan el sonido de los animales o los ruidos de diverso tipo (por ejemplo la risotada _¡jajajaja!_ O el sonido de llamar a la puerta _toc toc_); frases pronunciadas por alguna persona no presente pero reflejada o bien pensamientos de diálogo interior expresados en estilo directo.

Las partes en cursiva no van nunca incluidas entre comillas.

Conviene evitar el uso de dobles espacios tras una palabra en cursiva, incluso si la palabra en cursiva se ve en la pantalla un poco junta a la siguiente.

Recuérdese que la lectura en cursiva se vuelve fatigosa. No escribir nunca un texto largo en cursiva o elegirlo como impostación definida para la escritura de la prosa.

Diálogos

Cada casa editorial y cada autor tiene un propio modo de gestionar la presentación de un diálogo.

La forma más elegante y convencional es la de usar las comillas bajas: « ». Si, en cambio, en el interior de un discurso se inserta otro diálogo, este último podrá aparecer entre comillas altas simples: ' '. En caso de que se trate de otro tipo de dialogo, entonces se usan las dobles comillas altas: " ".

La escritura de cada diálogo debe partir del principio de párrafo cuando cambia el personaje que habla mientras que, si el personaje que habla es el mismo y se ha hecho solo una pausa, también se puede continuar sobre la misma línea.

El uso del guión medio, en algunos casos empleado para insertar los diálogos, puede llevar un poco a la confusión en la lectura en caso de que haya incisos en la frase que usen también el guión medio.

Por tanto, se aconseja usar siempre las comillas bajas: « ».

Puntuación en el diálogo

He aquí algunos ejemplos para explicar mejor el uso correcto de la puntuación en los diálogos.

1) En los diálogos donde se usen comillas bajas, el punto va dentro de las comillas.

Ejemplo: «Te espero mañana a las seis.»

Estefanía la miró perpleja. «Ya sé que no estarás.»

«¿Dudas de mí?» Respondió Ana molesta.

«No, pensé que de veras no tendrías el coraje de verme» añadió mientras se marchaba de allí «y recuerda que yo nunca me olvido.»

2) En el diálogo precedido por dos puntos el punto final va fuera de las comillas.

Ejemplo: Dijo: «No sabía que hablase bien el alemán».

3) En el diálogo que termina con exclamación, interrogación o puntos suspensivos los signos de puntuación van siempre dentro de las comillas y nunca van seguidos de otra puntuación fuera de las comillas mismas.

Ejemplo: Exclamó: «¡Oh, qué vida de perros!»

Preguntó: «¿No querrías venir conmigo?»

Respondió: «Sí... si no supiese que, de todos modos, nada cambiaría...»

4) Cuando una o más palabras van entre comillas para darles más relieve dentro de la frase, la puntuación va siempre fuera de las comillas.

Ejemplo: «Antonio se ha casado con una verdadera "zelofega".»

Digitalización del texto

Cada casa editorial tiene sus propias normas y alguna sugiere que la primera línea de un texto se meta algunos milímetros. ¿Cuándo? En cada nuevo periodo que se separe del cuerpo del texto, que se encuentre al inicio de página, al inicio de un nuevo capitulo o después de una pausa señalada por una o más líneas blancas.

En la elección del carácter tipográfico está bien considerar que el texto pueda ser leído tanto por un joven con vista de lince como por un señor mayor con vista cansada, por lo que se deberá optar por caracteres que no se presten a la confusión. Generan confusión los caracteres abigarrados, los de tipo English y – aunque suene extraño – todos los tipos llamados "de bastón" como Arial, que puede inducir a que se confundan las m con las n y las u minúsculas, y la l minúscula con la I mayúscula. Por tanto, se sugiere utilizar Times New Roman.

Acentos

En castellano sólo se usa el llamado acento gráfico grave (´) sobre vocales, siguiendo las reglas generales de acentuación en español, que divide las palabras en agudas (última sílaba tónica, lleva tilde si termina en n, s o vocal), llanas (penúltima sílaba tónica, lleva tilde si no termina ni en n, ni en s, ni en vocal), esdrújulas (antepenúltima sílaba tónica, siempre llevan tilde) y sobresdrújulas (en la sílaba anterior a la antepenúltima, siempre llevan tilde). Ejemplos: café, camión (agudas); fácil, tórax (llanas); mágico, líquido (esdrújulas); recuérdaselas, pregúntamelo (sobresdrújulas).

Se recuerda, así mismo, que también deben escribirse las tildes en las palabras que corresponda, aunque vayan escritas en letra mayúscula.

Puntos suspensivos

El número de puntos suspensivos es siempre y solamente tres, ni uno más, ni uno menos.

Cuando se usan paréntesis que contengan puntos suspensivos para indicar que falta una parte de texto en de una cita [...], estos van seguidos y precedidos por un espacio. Si el paréntesis de cierre va seguido por un signo de interrupción [...], como en este caso, el espacio naturalmente no se deja.

Puntos de interrogación y de exclamación (o admiración)

Los puntos de exclamación e interrogación, a diferencia de otras lenguas, en español se escriben dos veces, de inicio y de cierre. También cuando se multiplican para reforzar la expresividad.

La repetición de los puntos de admiración, en realidad, está permitida solamente en los textos de los cómics y tebeos, o en los escritos de Internet y de las redes sociales.

Abreviaturas

En un texto literario las abreviaturas deberán usarse lo menos posible.

Las unidades de medida, cuando sea posible, irán escritas por completo (ej. kilogramo) pero, cuando no fuese posible, nunca van puntuadas (m, km, cm, mm, g, kg, dl, cl, km/h etc.).

Las abreviaturas como dr., sr., sra., etc. es mejor procurar escribirlas con la palabra por entero (por ejemplo: doctor).

Números

Los números, cuando no van junto a una unidad de medida abreviada, siempre se escriben todos sus caracteres.

Ejemplo:

Vino a las cinco y media.

Mauro cumplió ayer veintitrés años.

Para llegar hasta ti, hay que subir ochenta y un escalones.

Nació justo cuando los rusos entraron en Berlín, el treinta de abril del mil novecientos cuarenta y cinco.

No obstante, aunque lo recomendado es escribir los números con letra, las fechas pueden escribirse con cifras: El 30 de abril de 1945. Y de igual modo puede hacerse con los años de una persona: Mauro cumplió ayer 23 años.

EDITING

Cuando se ha concluido un texto, como ya sabemos, conviene dejarlo "sedimentar" un poco, de modo que nos olvidemos de él un tanto y se pueda releerlo con espíritu crítico, para poder valorar lo que va bien y lo que deba ser mejorado o, en algunos casos, también eliminado. Al escribir del tirón un texto parece que las ideas fluyan como de una fuente iluminada pero a menudo esa iluminación está solo en la mente del autor y no siempre llega al lector.

Se dice que Hemingway reescribió treinta y nueve veces el final de *Adiós a las armas*. Y eso solo porque le parecía que las palabras que encontraba no fluían como su pensamiento.

Habitualmente el editor de un texto debe respetar el estilo y el lenguaje de su autor. En el caso de que uno sea editor de sí mismo, se deberá proceder como si el texto no fuese propio y controlar si el estilo y el lenguaje que nos caracteriza son uniformes en todo el texto.

Al revisar de un texto propio, se ha de tener en cuenta no empeñarse en conservar frases que parecían tener efecto cuando fueron dadas a luz, controlando que no haya adjetivos superfluos o adverbios desmotivados. Atención a las repeticiones de palabras iguales a poca distancia y al uso frecuente de pronombres.

Se debe evitar cacofonías (ej. cabalgaba el caballo) y vigilar que la pertinencia léxica sea exacta ("pábulo" por "pabilo"), que haya una musicalidad en la lectura del texto y no un exceso de formas retóricas. Es importante encontrar el ritmo narrativo dado por una puntuación cuidada y motivada por la sintaxis, sin pausas declamatorias. Si la lectura de algunos periodos o diálogos resultase poco clara, estos deberán ser reescritos y reformulados. No abusar de los pronombres para introducir las acciones de los personajes, porque muchas veces el ritmo de la narración ya los sobreentiende.

Algunos periodos pueden resultar inútiles y redundantes, no aportan nada a quien lee, o bien prolijos, de construcciones complejas. En tal caso será, pues, oportuno proceder a su reformulación, cortando y puliendo donde sea posible.

Es útil recordar que, cuando se den demasiados detalles narrativos, estos pueden hacer pesada la lectura, volviéndola aburrida.

También es necesario proceder a una lectura crítica de los diálogos, para obviar aquellos que resulten escasos o improbables, por ser incoherentes con lo narrado o en los que el comportamiento de los personajes sea poco creíble.

Atención a las incongruencias, como hacer variar el nombre de un personaje, su color de pelo o de ojos. Es necesario poner también atención a la cronología de los hechos para que se corresponda con el proceso lógico de lo narrado.

Si en una relectura nos damos cuenta de que la narración de la historia es paratáctica, es decir que se desarrolla en un tiempo progresivo y nos transmite hastío, si se le quisiera dar movimiento, se podrá obviar usando el procedimiento clásico de inicio de narración _in media res_ o bien haciendo empezar el relato desde determinado punto del hecho sucedido, quizá insertando una acción anterior y continuándola entonces.

El título es el primer impacto que el lector recibe de la obra, por tanto, debe estar bien pensado. En estos casos conviene usar el lenguaje de la persuasión, esto es, el que se sirve

de las metáforas, de modo que impulse al lector a
encontrar una razón de interés y le conduzca a
interpretar la obra de la forma en que se espera
que haga.

EJERCICIOS

Se recuperarán los textos relativos a los ejercicios anteriores para efectuar sobre ellos la revisión editorial y el editing, conforme a las indicaciones referidas en la décimo tercera lección.

LECCIÓN 14

La comunicación y sus lenguajes

El lenguaje es comunicación estructurada de sonidos articulados en palabras que se combinan según las reglas de la gramática y la sintaxis; cuando viene expresado en forma gráfica se estructura en un sistema de signos: la escritura.

Varios son los motivos de expresión del lenguaje, tocantes todos a transmitir una comunicación, cuya información es requerida o dada, sea emoción, deseo, etc. Mediante la comunicación se puede, por otra parte, jugar, bromear, rogar, rezar, transmitir imágenes fantásticas o artísticas. Es por esto que el lenguaje es estudiado además de por la lingüística, por la semiótica, por la psicología y por la sociología.

En la **semiótica** es el signo – sea gráfico o gestual o de evidencia involuntaria – el que transmite las informaciones a través de un texto literario, una señal de la circulación, un gesto.

La **lingüística** es la parte de la semiótica que se ocupa de los signos lingüísticos o verbales, subdivisibles en tres niveles de análisis:

- la *sintaxis*, que estudia el orden de los elementos de la comunicación y su organización interna;

- la *semántica*, que se ocupa de la relación entre los elementos de la comunicación y de su significado;

- la *pragmática* (según el psicólogo americano P. Watzlawick), que se ocupa de la relación de comunicación, interlocutores y ambiente del proceso comunicativo y comprende la enunciación y la transmisión (variables conforme a las referencias de los diferentes universos significantes).

La **psicología** interviene en el proceso de la comunicación por cuanto se refiere a la disposición de la comprensión, que implica la capacidad de recibir correctamente el mensaje emitido. Esto será posible si el mensaje respeta un sistema ya conocido y adquirido por el receptor. El mecanismo de comprensión puede, no obstante, entrar en crisis por la aplicación de un lenguaje que use metáforas, juegos de palabras, o lenguaje retórico en general.

Las llamadas **inferencias lingüísticas**, o sea el proceso por el que de una proposición se deduce un mensaje, son otro aspecto psicológico de la comunicación (ej. "La mujer cogió el paraguas y salió", de esa frase se infiere que llueve fuera). La percepción y producción se refieren a los sonidos que son percibidos una vez que han sido transmitidos y traducidos por el cerebro en el mensaje.

La **pragmática** se ocupa de estudiar lo que significan las palabras y cuál es la intención que tiene quien las pronuncia:

- *acto locutivo* (enunciado que expresa un significado)

- *acto ilocutivo* (enunciado intencional que procura pedir, ofrecer, proponer, etc.)

- *acto perlocutivo* (enunciado que procura convencer a alguien de una cosa)

La **sociolingüistica** se ocupa de los condicionamientos sociales de los fenómenos lingüísticos y estudia tres grandes áreas temáticas:

- la *microsociología del conocimiento*, o sea el empleo del lenguaje en la cotidianidad de la comunicación. Conociendo la sociedad de referencia se puede llegar al tipo de lenguaje.

- *la relación entre los sistemas simbólicos y sistemas sociales*: el lenguaje, al definir la opinión común, influencia a las estructuras sociales. Así, al aprender el lenguaje se recibe una transferencia de los particulares registros sociales.

- *el conflicto y cambio social* causado por las diferencias lingüísticas entre núcleos culturales y grupos sociales.

Nociones de comunicación

Derivada de *communis*, término latino, la comunicación favorece la condivisión, la transmisión, la participación de una información, por tanto se ocupa de dos aspectos principales: la transmisión de un mensaje y la relación que se establece entre los interlocutores.

Según el lingüista ruso R. Jacobson hay seis elementos que intervienen en el proceso de la comunicación:

- emisor, persona o agente que codifica la información y la transmite

- mensaje, la información transmitida

- receptor o destinatario, persona o agente que recibe la información y la decodifica

- canal, medio a través del cual se transmite la información

- contexto o situación, circunstancias en que se produce la comunicación

- código, lengua natural o sistema comunicativo (las matemáticas, el código morse, de tráfico, etc) que se usa para transmitir la información.

Según la pragmática del psicólogo americano Watzlawick los condicionamientos sociales entre el mensaje y el código son indisolubles.

Ya a principios del siglo pasado el lingüista suizo Ferdinand de Saussure evidenció la existencia de un patrimonio lingüístico social común a todos los que hablan una determinada lengua en un determinado momento histórico.

De aquí se deriva que, en el caso de la comunicación de masas, el medio se identifica con el mensaje (Marshall Mc Luhan).

La comunicación, sea verbal o escrita, se sirve de un patrimonio lingüístico social común a los que hablan una determinada lengua. Así, cada individuo realiza una selección personal de palabras y predispone una combinación de ellas, sea gramatical, sintáctica, fonética. Este sistema puede leerse conforme a un periodo histórico o social (Ferdinand de Saussure).

El sociólogo inglés McQuail determinó una pirámide ideal que representa los varios niveles de la comunicación. En la base, la parte amplia, va la infinidad de las elaboraciones intrapersonales de la información, es decir, las propias de cada individuo; sigue la comunicación interpersonal, entre dos personas; luego la del grupo íntimo, familiar; sucesivamente aquella entre grupos de una misma comunidad; después la comunicación institucional, típica de la política o la empresa; en la cima de la pirámide va la comunicación de masas, que parte de un emisor para enviar la comunicación a un número ilimitado de usuarios. Este nivel, el de la comunicación de masas, permite pocos cambios de interacciones entre emisor y receptor, pues tiende a transmitir comunicaciones persuasivas.

La razón de esto es que, a diferencia de las comunicaciones de nivel homogéneo – sociedades pequeñas o grupos íntimos – en que no hay excesivas deshomogeneidades entre receptores, en las vastas sociedades modernas el riesgo de deshomogeneidad es mayor y de ahí la incomprensión, se hace uso de procesos teóricos persuasivos, comunicaciones políticas, instrumentos de propaganda, publicidad comercial con carácter de comunicación ética, o concepción instrumental de los medios, vehiculando orientaciones determinadas de valores sobre la sociedad.

Comunicación persuasiva

La comunicación, proceso social por excelencia, crea todos los significados sociales a través de la información producida y la interpretación de esta por parte de los destinatarios.

Cuanto más restringido sea el grupo social de referencia, mayor será la aceptación de lo comunicado, en tanto que la mentalidad corriente será más homogénea.

El peligro que puede ocurrir en el proceso de la comunicación es la posibilidad de rechazo del mensaje. Tal posibilidad de rechazo será mayor cuanto más grande y variado sea el destinatario, cuanto más diversas sean sus propias ideas. Por eso es que estalla la estrategia comunicativa de la persuasión[9], esa forma de comunicación que puede degenerar en propaganda política, institucional o comercial y que se sirve de todos los artificios retóricos y psicológicos para poner atención en el sector que se quiera puntualizar.

Como en la publicidad comercial, donde la comunicación asume carácter ético en su propuesta de estilos de vida (ejemplo el estilo de vida sana y genuina de quien consuma aceite *Hojiblanca* o las galletas *María*), o en la comunicación política, donde se trata de estimular sentimientos personales de responsabilidad.

Los estudiosos de la sociología, psicología o filosofía encontraron en la comunicación de masas un peligro para la manipulación y condicionamiento de las conciencias.

A tal fin se formaron dos corrientes de pensamiento: una americana, a la que se

---

[9] Véase la lección 16.

adhirieron los sociólogos pertenecientes al *Mass Communication Research* (H.D. Lasswell, R. K. Merton, P. F. Lazarsfeld), que halló en el proceso de la comunicación condicionada una luz positiva y funcional, si era bien utilizada, para el desarrollo de la democracia; la otra, europea, cuyos participantes eran de la escuela de Franckfurt (T. Adorno, M. Horkheimer) y cuyo juicio fue de crítica total en relación al optimismo estadounidense, encontrando en la comunicación mediática una pérdida de valores y un clientelismo al poder.

Los estructuralistas franceses (F. de Saussure, A. Greimas, R. Barthes) llevaron el discurso sobre la problemática de que todo lenguaje comunicativo fuese funcional de la orientación a la asunción de determinados valores (moda, espectáculo, modelos de comportamiento).

El movimiento británico del *Cultural Studies di Birmingham* (R. Hoggart, R. Williams, E.P. Thompson) reveló la concepción antropológica en la que todo tipo de comunicación es expresión de una específica sociedad, considerada en su propio sistema expresivo.

Direcciones de pensamiento y valoraciones diferentes que, sin embargo, llevaron en los años sucesivos a teorizar planos comunicativos siempre puestos a tener en consideración los diversos aspectos culturales, sociales, económicos, antropológicos y políticos de los destinatarios de un mensaje, también considerando los siempre más desarrollados medios de difusión, como prensa, radio, televisión, cine, internet.

Lenguajes políticos

- *Lenguaje exhortativo* que procura obtener persuasión y consensos. Sus fórmulas, en particular con ocasión de comicios, son dramatización y retórica.

- *Lenguaje jurídico*, asume el aspecto de la aseveración y la certeza y utiliza definiciones e imperativos.

- *Lenguaje administrativo*, es más coloquial y procura infundir transparencia. También usa definiciones como el jurídico.

- *Lenguaje de la contratación*, se instaura entre grupos diversos y su objetivo es el de llegar a un entendimiento común entre las partes. Usa fórmulas retóricas exhortativas.

Efectos de los medios sobre la psicología del lector

¿Cuántas veces se ha oído decir que una determinada noticia es cierta y eso solo porque se ha escuchado en tv? Ese es el ejemplo de la influencia del medio entre mensaje y destinatario.

En realidad, cada nuevo medio de comunicación surte al usuario de un inicial poder persuasivo, que se supera sucesivamente al adquirir familiaridad con el mismo medio.

Si es monitorizado, el efecto de los medios sobre el imaginario del destinatario tiende a reforzar la orientación preexistente, más que a inducir hacia nuevos horizontes.

La globalización de los mercados, de las tecnologías y de los procesos integrados ha llevado hoy a la asunción de un lenguaje comunicativo de los medios fuertemente subliminal, que conduce a una disminución de la capacitad crítica del destinatario, surgido sobre todo del espíritu imitativo y del temor de condena por disenso a cuanto resulta asumido por la opinión general.

Obviamente esto implica también una división neta entre un destinatario crítico, culturizado y un destinatario masificado, con menores recursos culturales. El primero es capaz de análisis críticos, el segundo está totalmente sujeto a lo comunicado.

Dependencia y efectos acumulativos

La repetición de lenguajes, de actitudes y proposiciones llevan a progresivos absorbimiento y asunción de valores y tendencias, como violencia en el lenguaje y vulgaridad siempre tan difundida.

Para comprobarlo basta confrontar en televisión un debate de los años 70 con uno de hoy para revelar las diferencias formales en la expresión (garbo, preparación, elegancia), efectos de absorbimiento progresivo que repercuten en toda la sociedad.

EJERCICIOS

Ejercicio 1

Producir un breve relato que no supere las trescientas palabras, que esté ambientado en una tienda de tejidos y describa la contratación por la compra de tres metros de popelina por una señora de pies demasiado grandes y un vendedor narigudo, muy insistente. Poblarán el relato también un chico de los recados de traje oscuro y un representante de botones de dientes relucientes y vistosos.

Los detalles usados para la descripción del carácter de los personajes, de su vestimenta, de la decoración del local, de la historia en sí serán fundamentales para los sucesivos ejercicios, que implicarán el mismo relato narrado con estilos y fórmulas diversas.

¡Atención! No deberá aparecer ningún diálogo en estilo directo.

Ejercicio 2

Retomar el relato de la tienda de tejidos y reescribirlo más veces, como sigue:

–versión 1

Reformular el breve relato en forma que se vuelva **filosófico**, es decir, la búsqueda de la tela por parte de la señora, puede ser una metáfora sobre la búsqueda de la elegancia en la vida social y en consecuencia el vendedor y los otros personajes interactuarán en tono filosófico…

–versión 2

Reformular el breve cuento en forma que sea en uno de estilo narrativo **épico–caballeresco**, o sea, exagerando y enfatizando las acciones de los vendedores para celebrar a la compradora (la dama). También el lenguaje deberá ser medievalizante.

–versión 3

Reformular la breve historia de modo que parezca narrado por una persona prolija en la expresión y que contenga, pues, **comparaciones y símiles.** La comparación, también llamado parangón, procura establecer una relación de superioridad o inferioridad, mientras el símil expresa una relación de igualdad. Ej.: es más corto que febrero (comparación); es largo como una cuaresma (símil).

–versión 4

Reformular el breve relato en forma que contenga expresiones típicas de un lenguaje exaltado, caracterizado por un **clímax o gradación ascendente y descendente (anticlímax)**. Ej.: "y el tejido debía ser _sólido, fuerte, resistente, eterno_" (clímax ascendente); "_quería_ que costase poco, después lo _deseó_, finalmente lo _esperó_" (anticlímax).

–versión 5

Reformular el breve cuento para volverlo introspectivo y psicológico. Para hacerlo la sugerencia es la de divagar, describiendo pensamientos y recurriendo al flashback.

LECCIÓN 15

Surrealismo literario

A partir de esta lección entraremos de lleno en los ejercicios de estilo, comenzando con los experimentos del movimiento surrealista, quizá uno de los más importantes por lo que concierne a la variedad expresiva de nuestra época.

El movimiento del **surrealismo literario**, activo por una treintena de años, surgió en Francia tras el primer cuarto del siglo pasado por influjo del pensamiento dadaísta y las entonces nuevas teorías freudianas y fue fundado por el poeta Andrè Breton.

Se basaba en la libertad del inconsciente que emerge también en los momentos de vigilia, permitiendo la combinación de pensamientos e imaginaciones sin un diseño preconcebido pero en plena libertad de expresión. El surrealismo unía sentimiento y liberación de condicionamientos y convenciones sociales recurriendo al sueño y la locura. Expresiones típicas del surrealismo literario son la escritura automática y el estilo onírico.

Escritura automática

Técnica empleada en psicología y psicoanálisis. Consiste en escribir en estado de no consciencia del pensamiento sino por impulso espontáneo o bien bajo trance.

En literatura la escritura automática asume el significado de liberación de la creatividad del vinculo de la razón.

Estilo onírico

Este estilo se expresa mediante un lenguaje que aparentemente podría asemejarse al que se anota de un sueño en duermevela para después contarlo al psicoanalista. Se trata de un punto de encuentro entre inconsciente y consciencia, casi una contradicción dramática entre deber narrar y no conseguir recordar. El resultado es como una laguna, como si una niebla envolviese el ambiente en que se procede. El tiempo verbal es siempre al presente o al imperfecto y las escenas parecen seguirse unas a otras sin lógica sino como penetrando progresivamente de dimensión en dimensión.

De derivación surrealista es el **OuLiPo**, _Ouvroir de Littérature Potentielle_, es decir "Oficina de Literatura Potencial", ideada con ocasión de una reunión mantenida en 1960 en Cerisy-La-Salle en homenaje a Raymond Queneau, célebre autor del texto "Ejercicios de Estilo" y "Cien mil millones de poesías", de François Le Lionnais, ajedrecista, matemático y literato. En este laboratorio participaron importantes escritores franceses de la época y el italiano Italo Calvino.

La actividad de los oulipianos se caracterizó por experimentos literarios bastante complejos que procuraban remover las reglas clásicas de la narrativa a través de fórmulas de escritura vinculada de variado tipo y la búsqueda de nuevos esquemas literarios, fijados en vínculos matemáticos o retóricos. Para ellos forzar ese vínculo no debía considerarse constricción sino estímulo creativo, en la misma óptica que se acepta que el escritor deba vincular la propia creatividad a reglas sintácticas, gramaticales y lingüísticas, ¿por qué no acoger también vínculos como el acróstico, el lipograma, el palíndromo, la olorima? Y así nacieron también nuevas fórmulas expresivas que se referían a los números, como el método S + 7 (de Jean Lescure), en el que se sustituía cada sustantivo de un texto con el séptimo sustantivo que lo seguía en un diccionario establecido, obteniendo un texto de significado totalmente surrealista. O bien el método llamado "bola de nieve", en el cual cada verso sucesivo de una poesía debía contener una letra más que el precedente. Si hicieron de este modo novelas lipogramáticas, como *La disparition* de Georges Perec, en la que desaparece en toda la novela la letra E, la más difundida en lengua francesa; y luego la novela *Les revenentes*, en la que el autor utiliza únicamente la vocal E.

El **lipograma** (del griego *lèipo* = dejo + gramma = letra) es un texto vinculado en que se omite una determinada letra del alfabeto y se recurre a sinónimos para sustituir vocablos que contengan la letra prohibida. Es posible efectuar un lipograma sobre más letras.

Opuesto al lipograma está el **tautograma**, en el que todas las palabras de un texto comienzan por la misma letra.

Raymond Queneau escribió *Ejercicios de estilo*, en el que propone un hecho banal de pocas líneas reescrito noventa y nueve veces más una, empleando noventa y nueve registros narrativos diferentes; y luego "Cien mil millones de poemas", o sea diez sonetos con iguales rimas en catorce versos, en que cada verso de una misma posición resulta intercambiable con el correspondiente de otro soneto, de modo que por cada verso habrá diez posibilidades, hasta llegar a una combinación de diez elevado a la catorce posibilidad de variación de una misma poesía, exactamente cien mil millones.

Otro experimento literario oulipiano puede considerarse la técnica del **Cadavre exquis**, el cadáver exquisito. Se trata de un trabajo colectivo donde un texto se compone mediante la unión progresiva de palabras por turno, sin conocer lo que los otros han aportado, más que la última palabra. El resultado es surrealista. El nombre del experimento se deriva del primer texto generado en 1925: _le cadavre exquis boira le vin noveau_, esto es "el cadáver exquisito beberá el vino nuevo".

EJERCICIOS

Ejercicio 1

Repetir el texto ya producido para el primer ejercicio de la lección catorce, el ambientado en la tienda de tejidos, reescribiéndolo en estilo onírico.

Ejercicio 2

Escribir un texto de cien palabras como mínimo, máximo trescientas, en que se dé plena libertad a la inmediatez expresiva (escritura automática), sin tener en cuenta la forma literaria, sintáctica, del tema y de la trama.

El consejo es abstraerse física y mentalmente y escribir de golpe, sin interferencias de ambiente o de personas, de modo que se pueda dar máxima libertad a la espontánea e inmediata combinación de ideas y sensaciones.

Ejercicio 3

Escribir un texto de sentido completo desde el punto de vista narrativo (máximo cien palabras) que sea un tautograma, es decir que

cada una de sus palabras se inicie por una misma
letra del alfabeto (a elegir).

LECCIÓN 16

Lenguaje de la persuasión

A través de la combinación estudiada de las palabras se pueden crear diversos tipos de mensajes que no solamente informan la mente o entretienen al espíritu sino que pueden devenir instrumento de transformación del estado psicológico de los individuos, hablamos del lenguaje de la persuasión.

El lenguaje persuasivo trata de poner atención para suscitar emociones (tristeza, risa, pena, rabia) y deseos (erotismo, curiosidad, necesidad). Se emplea principalmente en la publicidad y en la política.

La PNL, programación neuro lingüística, término acuñado en los años 70 del siglo pasado por los estadounidenses Richard Bandler y John Grinder en el estudio de la lingüística aplicada a la psicología, consiste en un modelo de intercomunicación personal para poner en relación comportamientos de éxito y experiencias subjetivas.

Según la PNL la activación emotiva del inconsciente se puede obtener proponiendo situaciones (con palabras o imágenes) que mediante la dramatización y la retórica susciten en el destinatario del mensaje el porqué y no la cosa: bebo coñac *Soberano* porque es cosa de hombres, como las galletas *María* porque tengo una familia feliz y me aplico la crema *L'Oréal* porque "yo lo valgo".

La publicidad, como la política, tiende a atraer y para hacerlo se sirve de todo tipo de retórica que incida sobre las mayores ambiciones del destinatario al que se dirige.

Juegos de palabras, imágenes idílicas, dobles sentidos (*Red Bull te da alas*) son los recursos que se usan para asombrar al lector. A todo esto se unen las aliteraciones (*Te pique el insecto que te pique... Ten a mano Afterbite*), el calambur (*A este Lopico, lo pico*), las onomatopeyas (*Patatas Pringles: cuando haces pop, ya no hay stop*) o también los alargamientos consonánticos y las antítesis (*compre dos, pague uno*). En el lenguaje persuasivo no faltan rimas (*El frotar se va a acabar; A mi plin, yo duermo en Pikolín*).

Así, en el lenguaje persuasivo se ve mejor la creatividad antes que la información, porque lo que se vende es la imagen del deseo. Obviamente el lenguaje persuasivo puede destacar el imaginario cultural basándose en realidades efectivas pero enmascarándolas. Por ejemplo, en el campo de la publicidad de los coches (los *BMW*, en este caso), recurrieron a la idea del placer de conducir. De ahí que usaran un eslogan en forma de pregunta sugerente y atractiva: "¿Te gusta conducir?". ¿Qué decir de un perfume, esencia para los sentidos que, por antonomasia, es algo indescriptible, si no apelando al sexo?

Por otra parte, en algunos casos el mensaje persuasivo puede ser, de añadidura, musical, como la música que se usó para la campaña publicitaria "Un diamante es para siempre", con la melodía del grupo El Norte:

Entre tú y yo,

un diamante es para siempre,

entre tú y yo,

nuestro amor

es para siempre.

Todo en ella me fascina,

su mirada me domina,

cada vez que yo la veo,

pienso cuánto la deseo.

Quise que me recordaras,

y que nunca me olvidaras.

Entre tú y yo,
un diamante es para siempre,
entre tú y yo,
nuestro amor
es para siempre.

EJERCICIOS

Ejercicio 1

Narrar en forma subjetiva (en primera persona) un breve relato ambientado en la tienda de tejidos de las otras lecciones, de modo que el narrador sea uno de los personajes (a gusto del autor) que animan la historia. Obviamente el punto de vista personal podrá contemplar juicios individuales y unilaterales.

Ejercicio 2

Escribir tres mensajes diferentes que sean persuasivos y promuevan: una bebida de frutas, un producto cosmético, una joya.

Sugerencias

Conviene no olvidar la psicología del destinatario a quien se dirige el lenguaje persuasivo y las consiguientes opciones creativas a las que se deberá hacer referencia al escribir textos publicitarios. De hecho, si se trata de la promoción de un producto de gran consumo, el lenguaje presentará un registro cómico o ligero, mientras que un producto de lujo exige un tono áulico, culto, incluso grave. Se puede hacer uso libremente de metáforas, de rimas y juegos de palabras.

LECCIÓN 17

Lenguaje subliminal

El lenguaje subliminal parece tener la facultad de expandirse como una mancha de aceite entre las personas. Una de sus formas más difundidas es el lenguaje burocrático, que tan a menudo se vuelve forzado en la pretensión de respetar el tecnicismo en la utilización de vocablos complicados en sustitución de homónimos de uso común.

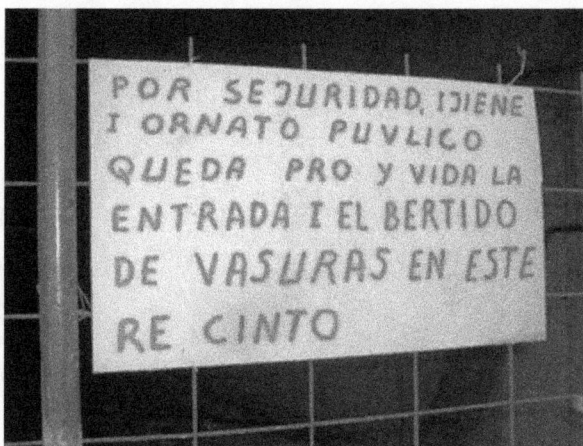

La imagen anterior es un cartel visto en el recinto de una construcción, donde no se permite tirar residuos. Es un anuncio lleno de faltas ortográficas y constituye un ejemplo grotesco de cómo el lenguaje, pretenciosamente elevado, puede llevar a cometer garrafales errores ortográficos al utilizar términos poco difundidos en el habla cotidiana.

Resulta curioso observar que, entre la gran cantidad de palabras que aparecen en ese cartel tan mal escritas ("sejuridad", "ijiene", "puvlico", "pro y vida", "bertido", "vasuras" y "re cinto"), podamos leer una palabra como "ornato", que pertenece al léxico culto y no suele ser empleada en el nivel coloquial de nuestra lengua.

De igual manera, el uso de la lengua se vuelve complicado en la escuela. Por ejemplo, cuando se dice _boletín de calificaciones_ por notas de clase y _auxiliar de control_ por bedel.

También, para volver más elevado el vocablo que indica oficio humilde, no se evita añadir alguna aposición: _promotor de ventas_ por vendedor, _asistente técnico sanitario_ por enfermero, o incluso, en el caso de lugares que puedan turbar el ánimo, se prefiere _centro penitenciario_, en lugar de cárcel, o _residencia para la tercera edad_, en lugar de asilo de ancianos.

Siempre por el efecto sobre la psiche – en este caso imaginativa – en la burocracia se prefiere decir _vehicular_ antes que difundir _y actualización de precios_ antes que subida de precios.

La lengua se enriquece día a día, de manera que palabras y giros expresivos que estaban de moda hace algunos años, han sido reemplazadas por otras nuevas, actualizándose de generación en generación.

Sin embargo, todo lo dicho no ha de considerarse de forma exhaustiva para indicar el abuso que continuamente se hace de términos eufemísticos y perífrasis retóricas, porque existen varias formas de expresión que, por el extenso uso que se hace de ellas, sea en televisión o en la administración pública, han pasado a ser verdaderos lenguajes codificados, que un célebre sociólogo como el profesor Amando de Miguel no duda en definir como "politiqués". El mismo autor también habla en sus artículos y libros del "tertulianés", es decir, el habla de los tertulianos de la radio y la televisión. En esta se dice a veces eso de _las cosas del directo_, por citar un ejemplo conocido. También se registra un enorme uso de extranjerismos, especialmente en el campo de las finanzas.

Y los que vayan de vacaciones recuerden que lo que antaño era el billete de tren se llama hoy _título de viaje_. Si por casualidad viajan a Roma puede ser que se encuentren con Su Santidad el Papa Francisco en el _papamóvil_.

El lenguaje subliminal tiene, además, el poder de insinuarse y propagarse en el lenguaje común.

Se trata de frases enteras o términos singulares que nacen generalmente en un contexto específico y sectorial, como puede ser la jerga técnica o científica pero que, dada la resonancia de que se expresan en tal contexto, se transmiten por simpatía a otros contextos de la comunicación, pasando a ser estereotipos del lenguaje, repeticiones expresivas de poca o ninguna originalidad. Y todo esto en detrimento de la libertad de expresión y creación artística y literaria del texto escrito.

El lenguaje subliminal, por lo tanto, puede proceder de varias partes: la televisión, el deporte y particularmente el fútbol, el lenguaje médico, el juvenil o el jurídico.

"Esta noche _en zona Chamartín_ (jerga del fútbol) _me atengo a escribir_ (jerga legal) el argumento de la lección. Puedo permitirme hacerlo, porque _juego en casa_ (también jerga del fútbol). Mi _as en la manga_ (de los juegos de azar) es la velocidad al hacer las cosas pero aún tengo que _desenredar la madeja_ (de los antiguos oficios), porque deberé _aflojar las riendas_ (aún de antiguos oficios) con quien aún debe producir los ejercicios de las lecciones pasadas. Este año por una serie de circunstancias el laboratorio de escritura está yendo _a lento discurrir_ (jerga médica) pero _a nivel de_ (también médica) intereses parecería que este _estilicidio_ (aún jerga médica) funciona igualmente. Espero no causar muchas _migrañas_ ni _cefaleas_. ¿Jerga médica demasiado especializada? _Okay_ (americanismo), lo he cogido. ¡Mejor dolor de cabeza! Espero que no la toméis conmigo y me llenéis de _hematomas_, ¿no? De acuerdo... moretones. ¡Uff! También preferís los vocablos propios del lenguaje común, no los subliminales que me gustaban tanto... Ah, ¡no está _en la óptica_ (tertulianés puro...) de alcanzar el éxito! Al final del curso, en la cola de la autopista por el _éxodo estival_ (tertulianés), recordaremos con nostalgia los momentos transcurridos con los textos y no nos arrepentiremos si _flipamos_ (jerga juvenil) por no haberlos terminado. Las vacaciones son a menudo _pausa de reflexión_ (de la psicología), que, como _el año sabático_ (de la religión), nos permite reflexionar sobre las oportunidades de la vida."

EJERCICIOS

Ejercicio 1

Escribir un breve cuento de un máximo de tres folios de género y de tema libre, en donde aparezcan diálogos entre personajes en los que se haga uso del lenguaje subliminal.

Ejercicio 2

Convertir el relato de la tienda de telas en estilo subliminal.

LECCIÓN 18

Entrevista

En un curso de escritura creativa no podía faltar la aproximación a la entrevista que, aun siendo más propia del mundo periodístico y por tanto relativa a la comunicación informativa, puede, si es aplicada como composición expresiva, ser utilizada también en un contexto creativo.

El vocablo entrevista viene del inglés _interview_, que a su vez deriva del francés _entrevoir_ (entrever).

Se trata de una fórmula que empezó a difundirse en los Estados Unidos en la primera mitad del siglo XIX y que consiste en un escrito, resultante del coloquio mantenido entre un periodista o entrevistador y un personaje considerado interesante por lo que pueda narrar o explicar. La entrevista se basa en una serie de preguntas y respuestas con el fin de conocer la opinión del entrevistado acerca de determinados temas. La realización de una entrevista requiere que el autor (el que hace las preguntas) tenga un buen conocimiento sobre el tema del que se vaya a tratar, sea de tipo político, científico, histórico, literario, artístico, económico, deportivo u otro. También es necesario para el autor de la entrevista una notable capacidad de síntesis especulativa para poder elaborar las respuestas recibidas del protagonista y formular las sucesivas preguntas en base a lo que esté previsto que se trate. Se precisa además por parte del entrevistador una distancia emocional del tema tratado (parece inimaginable que un aficionado fanático del Real Madrid entreviste al capitán del Barcelona o viceversa...), sobre todo si se pretende formular en modo objetivo las preguntas y conducir la entrevista en el modo más éticamente correcto posible.

En el curso de la entrevista lo que sea afirmado y narrado por el protagonista, su testimonio particular sobre un tema, puede abrir sucesivos debates, promover discusiones y tal vez generar polémicas. En definitiva, el mérito de una buena entrevista que pueda tener el favor y el interés del público se debe siempre a la capacidad del autor para una justa construcción del planteamiento narrativo, basado en preguntas apropiadas según un guión prefijado pero acorde con el desarrollo de lo que expondrá la persona interpelada.

EJERCICIOS

Realizar una entrevista imposible, tomando partida libremente de un tema literario o histórico. Algunos ejemplos: "entrevista por parte de Calígula a su propio caballo Incitato" (las preguntas probables podrían referirse al Senado, del que Incitato era miembro); "entrevista de Cristóbal Colón a la reina Isabel de Castilla" (las preguntas podrían ser sobre la vida de corte, sobre las finanzas españolas, sobre la proverbial camisa nunca cambiada de su hija Juana la loca); "entrevista de uno de los siete enanitos a la bruja" (productos de belleza usados, artes mágicas, credo religioso, etc.)…

LECCIÓN 19

Artículo periodístico

Hasta ahora hemos considerado la producción de prosa de creación artística y de fantasía, pero la creatividad del escritor puede extenderse a la profundización cultural que requiere un lenguaje objetivo, basado en la búsqueda y en el estudio de datos e informaciones.

En la antigüedad, autores como Séneca o Cicerón se sirvieron de la fórmula epistolar[10] para tratar temas y argumentos de contenido moral, ético o filosófico. De ahí nació el ensayo, texto de profundización cuya denominación deriva del vocablo latino _exigere_ (pensar, examinar).

Dada la brevedad del curso no se tomará en consideración la escritura de un ensayo largo pero será posible tratar el asunto de la profundización y reflexión en forma de artículo periodístico pero que presente incluso una iluminación personal, capaz de producir

---

[10]   Véase la lección 10

203

emociones más allá del hecho que sea presentado.

¿Cómo?

Siguiendo las reglas que son requeridas para los escritos periodísticos.

La sugerencia es empezar como si se tratase de un hecho de crónica, respetando la regla que orienta el periodismo americano – siempre válida en cualquier parte – de las cinco W (Who? = ¿Quién? / What? = ¿Qué? / When? = ¿Cuando? / Where? = ¿Dónde? / Why? = ¿Por qué?), exponiendo el hecho o concepto brevemente, para después retomarlo según se avanza en su tratamiento, como si desenredásemos una espiral de profundizaciones.

En el caso específico de artículos de comentario y reflexión se pueden encontrar:

- **artículo de fondo**, generalmente colocado en primera página y no firmado, que trata el tema principal del día;

- **editorial**, sustituye al artículo de fondo pero suele estar firmado por el director del diario;

- **artículo de opinión**, habitualmente firmado por columnistas de renombre;

- **brevete o en cursiva** (por estar escrito en cursiva), artículo breve de tono irónico que trata la noticia del momento;

- **artículo cultural o científico**, normalmente escrito por un especialista en la materia;

- **firma** de presencia periódica, habitualmente firmada por un autor fijo;

- **crónica**, artículo que describe un evento;

- **reportaje**, artículo de crónica, que aporta una profundización crítica sobre un hecho;

- **entrevista**, coloquio con preguntas y respuestas mantenido con un interlocutor;

- **especial**, artículo extenso de crónica (puede presentarse en partes), trata de profundizaciones o del estudio de un tema específico.

EJERCICIOS

Ejercicio 1

Escribir un artículo sobre el tema del COLTAN (mineral) y sobre las consecuencias que su extracción comporta en términos económicos y éticos. Se podrá elegir una o más formas posibles de artículo, por ejemplo la entrevista a un minero, un reportaje o un artículo de opinión.

Ejercicio 2

Retomar el texto inicial sobre la tienda de tejidos y reescribirlo como si fuera un hecho propio de una crónica.

LECCIÓN 20

Guión y diálogos de un texto

Llegados al final de este curso de escritura creativa se pondrá a examen un aspecto de la actividad del escritor que comprende una literatura a menudo definida "de confín": el guión gráfico de un texto, es decir, la adaptación de una novela o de un cuento, con la finalidad de que pueda ser traducido en sonidos e imágenes cinematográficas.

Lo que sigue no quiere ni puede ser exhaustivo sobre este tema pero pretende ofrecer una brevísima panorámica acerca de lo que se refiere a la escritura creativa de la cual nos hemos ocupado durante el presente curso cognoscitivo.

El guión gráfico es una historia contada a través de imágenes, es decir, sus palabras son traducidas en fotografía. El guionista es un escritor cuyo lenguaje está condicionado por la cinematografía y no por la literatura. Sus límites son los del cine, pues plantear las escenas es como realizar un film en papel.

El guión es uno de los muchos componentes del trabajo de los equipos para la realización de un film. Es un texto que puede ser readaptado en las diversas tomas, sea por el propio guionista, por el director o los actores, conforme a la contingencia y la interpretación extemporánea. Los ajustes se dan al final, en la postproducción del film, siendo en la fase de montaje donde se harán los cortes de escenas y diálogos.

El montaje será, por tanto, la ultima reescritura del guión.

Cuando se escribe el guión de una película, este debe fluir en la mente de quien lo realiza y lo que ve es cinematográfico, de ahí que comprenda encuadres, movimientos de cámara, tipos de planos, cortes de luces y dominantes cromáticas.

El guionista debe crear un texto exacto, preciso, calibrado, realizado de tal modo que quien lo lea pueda interpretarlo de un único modo, a diferencia de lo que se puede hacer con un texto literario donde una misma escena descriptiva podrá tener tantas interpretaciones como lectores haya.

El guionista estará más acertado cuanto más nociones tenga de cinematografía, de encuadres, de técnicas de luces, de montaje, etc.

Una vez terminado, el guión se imprime en las copias que necesite cada técnico y colaborador, de manera que en él figure lo que será de su propia competencia (quien participará en las escenas de interiores, quien en las exteriores, el encargado de vestuario considerará el cambio de trajes en el curso temporal de la narración, etc.).

El guionista parte siempre de un tema asignado habitualmente por un productor, luego lo pasa a una escaleta y después, sobre ella, construye el guión. Mientras que en el tema se resume la trama (la fábula), en la escaleta se pasa a la organización del relato: se ordenan los hechos en el modo en que serán vistos por el público y ahí se crea la historia.

Para comprender plenamente la práctica de la escritura por imágenes, se realiza el recorrido inverso al del guionista, retomando la escena de un film e intentando transcribirla, reportando el flujo de imágenes al estadio de flujo de palabras.

Esto conlleva algunas consideraciones: se escribirá en tiempo presente, porque se está observando lo que ocurre en pantalla en su progresión. De hecho el guión debe ser el espejo literario de un film y, por supuesto, un film siempre está en tiempo presente. Cuando se escribe el guión, se escribe lo que ocurre con los ojos de la cámara.

La descripción del film se referirá a lo que es visible, visualizable, el profílmico, es decir, lo que estará delante del objetivo. A diferencia de la literatura, la escritura de un guión no describirá nunca lo que no es visualizable (no filmable) y que no comporte rasgos de plasticidad. Al escribir un guión será preciso preguntarse constantemente si lo que se está escribiendo podrá ser llevado a imagen, excluyendo por tanto toda abstracción. Por ejemplo, no se podrá contar nunca en imágenes que Adriana (la novia de Rocky Balboa) trabaja en una tienda de animales, para hacerlo comprender al espectador se la deberá mostrar en la ópera (a menos que no se diga con los diálogos).

Otra consecuencia es que el guionista, a diferencia del novelista, no describe los sentimientos, la psicología o la vida interior de un personaje. Estas informaciones deberán emerger en forma cinematográfica (imágenes y sonidos, es decir, acciones no verbales); un diálogo; un monólogo interior con la voz del personaje o incluso una voz narradora.

Por ejemplo, al final de la película _El planeta de los simios_, el protagonista Taylor, interpretado por Chartlon Heston, en fuga a caballo con la joven Nova a lo largo de la costa marina de lo que él cree ser un planeta desconocido se tropieza con el brazo de la estatua de la Libertad que sale de la arena bajo la que está sepultada. Es un momento altamente dramático que, aunque no haya diálogo o voz narradora, expresa el dolor que el protagonista sufre al comprender el daño ecológico causado por el género humano. Por tanto, la información sobre los pensamientos del personaje transita a través de la acción sin auxilio de diálogo.

Si el escritor puede detallar su obra con descripciones particulares, a diferencia de este el guionista debe esforzarse por traducir su pensamiento en imágenes que puedan reproducirse en secuencias sobre la pantalla.

Otro problema está representado por el tiempo y lo que se hace en él. Por ejemplo, si se quisiese expresar que el marqués puntualmente bebe el té con vainilla todos los días como desayuno, para hacerlo comprender al público no se podría realizar otra cosa que repetir más veces la misma acción en la sucesión de los días o bien obviarlo introduciendo un rumor referido a ello por parte de la servidumbre.

Otra dificultad se presenta cuando se debe indicar una amplia elipsis temporal. Si en una novela se lee "pasaron veinte años…", en el film, que está siempre en presente, se deberá reflejar con una aclaración del tipo VEINTE AÑOS DESPUÉS, o bien hacer correr las páginas del calendario en secuencia o encuadrar una clepsidra de la que desciende la arena y sobrescribir ahí una imagen de la fecha.

Teniendo en cuenta que el guión deberá ser interpretado por el director, es necesario que él esté lo más atento posible a la concisión y vivacidad de lo que se describe, no permitiendo prestarse a más interpretaciones visuales, condicionando en tal modo la puesta en escena.

Si se prueba a recrear el guión de la escena (antes considerada) del film _El planeta de los simios_ que precede al hallazgo de la estatua de la Libertad, se escribirá: "Taylor procede seguro y arrogante en el manejo del caballo. Detrás de él se sienta Nova, lo abraza..."

Tal adjetivación (seguro y arrogante) sirve para indicar su estado mental, el de sentirse libre y consciente de su propia capacidad. Él no se encuentra allí por un simple paseo a caballo sino como guía responsable que intenta hallar un camino de salida. Esa adjetivación, a falta de descripciones o diálogos, sirve para darle cuerpo a la recitación. Por tanto, son imágenes y movimiento para añadir a la palabra escrita con concisión y vivacidad.

El guionista debe también pensar en términos de encuadre, de iluminación, colores, sonidos, movimientos de la cámara, organización profílmica, diseño y corte de los planos, raccord, ritmo de montaje, etc.

El aspecto literario y no meramente técnico del arte de escribir un guión consiste en el hecho de que no se limita a elegir una serie de imágenes sino que debe ser casi una dirección invisible. O bien deberá ser escrita de modo que imprima en el lector (el director) un ritmo articulado a través de una correcta puntuación, que acelere o ralentice los tiempos; partiendo el texto para sugerir los encuadres o determinar "campo" y "fuera de campo", indicando las luces, sombras o colores.

La descripción que se hace cada vez más atenta, hasta alcanzar el detalle, sugiere un acercamiento de toma y viceversa, el detalle que progresivamente se desenfoca en la descripción constituirá un alejamiento de la imagen.

Es convención entender el ajuste de línea como un desmarque y un cambio de encuadre (pausa fuerte) o cambio de perspectiva.

Una misma escena con diversos ajustes de línea también puede sugerir una secuencia de acciones de ritmo más cadencioso.

Ejemplo 1

El indio mira alrededor con prudencia, toma una flecha del carcaj, la coloca sobre el arco,

su jadear llama la atención del soldado,

el indio tiende el arco,

el soldado saca fuera el revolver de la funda,

el indio tira la flecha que choca, clavándose en la espalda del soldado:

parte un golpe al aire del revolver del soldado.

En esta secuencia se ha usado la coma, porque se trataba de acciones ritmadas en paralelo. El punto habría determinado pausas de distancia, dando un ritmo lento y no correspondiente a la rapidez de la acción. Los dos puntos han indicado la conclusión de la secuencia.

Ejemplo 2

AL acerca improvisadamente la navaja a BETH, le traspasa el abdomen.

Los ojos de BETH se dilatan y la muchacha emite un grito seguido de un chorro de sangre.

Se pone en pie tambaleándose hacia los amigos sentados en la otra mesa.

JOHN, BILL y TED dejan los vasos, se levantan y retroceden espantados.

La muchacha cae al suelo.

En este caso los ajustes de línea seguidos de punto ofrecen un efecto rítmico y un corte de toma diferente. Un primer plano para la primera escena, un primerísimo plano para la segunda (los ojos que se dilatan), uno general para la tercera y luego la cámara se va alejando para coger el cuadro por completo. Los planos cercanos provocan en el espectador una mayor tensión emotiva, por cuanto concentran la escena en el elemento saliente.

La elección del término navaja, en lugar de cuchillo, tiene un mayor impacto porque parece más amenazante que un simple cuchillo. También los sonidos son de impacto (grito), las imágenes (chorro de sangre) para crear una mayor tensión que luego se va atenuando con la panorámica que toma la distancia: el momento de tensión ha llegado a su epílogo.

En la literatura se puede describir un pensamiento sin ubicarlo en un tiempo o lugar, en el cine esto nunca es posible: en el cine el espacio está siempre representado, por tanto este elemento no puede ser nunca olvidado en la fase de escritura de un guión.

Obviamente en la escritura del guión no se deberá (ni se podría) describir cada objeto que se verá en la pantalla, pues sería una inútil secuencia de datos. Convendrá hacer una cuidadosa elección de aquellos objetos que aporten mayor sentido a la escena narrada. Tales objetos estarán presentes en el espacio narrativo como elementos imprescindibles y probablemente serán motivo de encuadre en un espacio explícito en el campo de cada toma.

Conviene en este caso describir profundamente cuando el espacio tenga valor narrativo a los fines de la historia o la acción, quedando, por contra, como genéricos y sintéticos en sus descripciones los espacios que no tengan enganche evidente con la acción.

LA ESCENA

En un guión la unidad narrativa adoptada es la escena: acción dramática que se desarrolla en una unidad de espacio y tiempo. Puede componerse de varios encuadres y puede ser parte de una unidad narrativa más amplia: la secuencia.

Entre los elementos de una escena (acción, espacio, tiempo) el más importante para el guión es el espacio (la localización). Si una misma acción deberá pasar de un espacio a otro deberá, de hecho, ser partida en dos escenas.

Otro elemento relevante es el factor de las luces. Si una acción se desarrollará de noche o de día se deberá, como con el espacio, cambiar la escena. El cambio de luz es un modo de que el espectador decodifique el paso del tiempo. Otro factor que se unirá a estos dos primeros elementos será si la escena es rodada en interiores o en exteriores o si la cámara se posiciona en interior o en exterior respecto al objeto que se vaya a filmar.

EL TÍTULO DE LA ESCENA

Por título de escena se entienden una serie de datos que la preceden y que resumen algunas informaciones de diverso tipo: posición de la cámara (INT. y EXT., que indican interior y exterior); la localización; las condiciones lumínicas (DÍA o NOCHE). Estos datos, escritos siempre en mayúscula, serán separados por dos líneas del texto de la escena (un espacio).

Entre una escena y otra convendrá dejar tres líneas blancas (dos espacios).

A estos elementos se añadirá también el número de escena. Por cada número creciente habrá una nueva escena en sucesión.

Puede suceder que en una escena la cámara pase de dentro a afuera (por ejemplo en la salida de una casa) y en tal caso se escribirá INT./EXT.

En cambio, en el caso de la escena en una misma localización pero con un distancia temporal que no sea evidente, se pondrá:

EXT. BARCELONA – DÍA (MAÑANA)

EXT. BARCELONA – MÁS TARDE

Nunca se debe indicar horarios precisos, por ejemplo las 16.30:

INT. HOTEL RITZ – DÍA (TARDE)

El fin aquí descrito es el guión desde el punto de vista dramático. Este guión, una vez que esté en manos del director, deberá someterse a una sucesiva adaptación que no seguirá la secuencia del film sino la de las tomas. Pero, dado el extremo tecnicismo, no la tomaremos en consideración, limitándonos a la que esté estructurada por escenas.

FORMAS DEL GUIÓN

Cada guión (dividido en folios = 60 caracteres por 30 líneas, usando la fuente tipográfica que más se asemeje a los caracteres de la máquina de escribir, como Courier, New Courier o Pica) se compone de tres partes principales: los títulos de escena, las descripciones y los diálogos.

Existen tres formas reconocidas para la escritura de un guión: a la italiana, a la francesa y a la americana. En España se suele escribir de forma parecida a la americana. Estas tres formas se diferencian principalmente por la manera de escribir las descripciones y los diálogos.

En la forma italiana la página está dividida en dos columnas. En el lado izquierdo figura la columna visiva (descriptiva), mientras que en el lado derecho se encuentra la columna sonora (música, sonidos, rumores, diálogos).

En la forma de escribir un guión a la francesa las descripciones van a toda página y en la columna de la derecha se ponen los diálogos.

El guión a la americana, la más difundida y estandardizada, se contienen las descripciones a toda página, mientras que el diálogo es una columna central.

En las descripciones el nombre de los personajes debe ser indicado en mayúscula solo en su primera aparición y no sucesivamente (permite al lector distinguir el número de personajes). Los personajes secundarios serán indicados con un nombre genérico, como por ejemplo: CLIENTE, INDIO, NIÑO, MULTITUD…

Siempre se indicarán en mayúscula los sonidos genéricos, por ejemplo: RUIDO DE TELÉFONO, MULTITUD, EXPLOSIÓN, TIC–TAC DE UN RELOJ, CIERRE DE UNA PUERTA, PASOS, MÚSICA POP…

Siempre se requiere la mayúscula en la descripción para todos aquellos textos escritos que deberán resultar legibles en la pantalla (periódico, tarjeta de visita, carta autógrafa.)

También se usará la mayúscula para las aclaraciones y los títulos.

Eventuales notas técnicas irán escritas en mayúscula y alineadas a la derecha al final de la escena. Ejemplo: FUNDIDO DE CÁMARA (podría indicar una elipsis de un sueño o de hipnosis.)

DIÁLOGOS

Entre descripción y diálogo se salta una línea.

La escritura del diálogo debe estar siempre precedida por el nombre del interlocutor escrito en mayúscula y seguido por dos puntos y por el punto y aparte.

En la línea que precede al diálogo, siempre que sea útil, se puede poner entre paréntesis una nota interpretativa.

Ejemplo:

LEWIS

(haciendo ruido de que tiene mocos)

He terminado los pañuelos. ¿Tienes uno?

En los diálogos la puntuación es muy indicativa para la entonación y las pausas. Los puntos suspensivos escritos al término de la frase indican duda, reticencia, pausa. El doble trazo -- indica interrupción brusca del discurso.

Si parte de un diálogo se dirige a un interlocutor y parte se dirige a otro se debe separar el texto haciendo preceder a cada intervención la indicación del destinatario entre paréntesis.

Ejemplo:

LEWIS

(a Jean, haciendo ruido de que tiene mocos)

He terminado los pañuelos. ¿Tienes uno?

Voz en off = fuera de campo (F.C.) indica todo sonido vocal que provenga de fuera de la escena (narrador externo, voz al teléfono, flashback...) La abreviación se escribe en mayúscula y entre paréntesis después del nombre del personaje que habla y que será escrito en mayúscula.

Cuando el guión exige el diálogo en otra lengua y se presente la traducción en una aclaración, el diálogo irá en una doble columna: a la izquierda en la lengua original y a la derecha

la traducción precedida de la mayúscula
SUBTÍTULOS.

FLASHBACK

Cuando se inicia un flashback, será indicado
en el título detrás de los otros, escrito en
mayúscula y subrayado.

Ejemplo:

EXT. BARCELONA – DÍA – FLASHBACK

Para articular la ubicación, puede haber la
necesidad de indicar títulos secundarios. En ese
caso, esos títulos irán escritos en mayúscula
seguidamente a la descripción pero después de
un guión largo, o bien yendo aparte dos veces
repetidas.

Curiosidad

¿Por qué en la redacción de un guión se usa
el carácter tipográfico más semejante al de las
teclas de la máquina de escribir (Courier)?

Porque el carácter de la máquina de escribir
es el que mejor comporta una extensión de
escritura de página correspondiente a una hoja
editorial.

¿Y qué supone esto?

Supone que una hoja editorial exacta corresponde a casi un minuto de película realizada. Por tanto, sesenta hojas = una hora de film; noventa hojas = una hora y media de film; etc.

Todo esto sirve al director para regular los tiempos de proyección y al productor para prever un eventual costo de producción.

El productor se basará, además, para los costos de producción en otro detalle que no será olvidado: los títulos de las escenas. De hecho, lo primero que mirará para regular el costo del film será el número de escenas, fácilmente diferenciables, en cuanto van todas escritas en mayúscula, valorando así cuántas escenas serán en exteriores, cuántas en interiores, cuáles serán las localizaciones, etc.

Publicado
en el mes de noviembre 2017
por
Edizioni Pragmata